LIBRAIRIE GERMER BAILLIÈRE ET Cie

BIBLIOTHÈQUE UTILE

VOLUMES BROCHÉS A 60 CENT.; CARTONNÉS, 1 FR.

BIBLIOTHÈQUE D'HISTOIRE CONTEMPORAINE
Vol. in-18 à 3 fr. 50.
Vol. in-8 à 5 et 7 fr. Cart. 1 fr. en plus par vol. ; reliure à 2 fr.

EUROPE

HISTOIRE DE L'EUROPE PENDANT LA RÉVOLUTION FRANÇAISE, par *H. de Sybel*. Traduit de l'allemand par Mlle Bosquet. 3 vol. in-8 .... 21 »
> Chaque volume séparément. 7 »

FRANCE

HISTOIRE DE LA RÉVOLUTION FRANÇAISE, par *Carlyle*, traduite de l'anglais. 3 vol. in-18 ; chaque volume 3 50
NAPOLÉON Ier ET SON HISTORIEN M. THIERS, par *Barni*. 1 vol. in-18 .... 3 50
HISTOIRE DE LA RESTAURATION, par *de Rochau*. 1 vol. in-18, traduit de l'allemand 3 50
HISTOIRE DE DIX ANS, par *Louis Blanc*. 5 vol. in-8 ...... 25 »
> Chaque volume séparément. 5 »
HISTOIRE DE HUIT ANS (1840-1848), par *Elias Regnault*. 3 vol. in-8 .... 15 »
> Chaque volume séparément. 5 »
HISTOIRE DU SECOND EMPIRE (1848-1870), par *Taxile Delord*. 6 volumes in-8 .... 42 »
> Chaque volume séparément. 7 »

LE
JOURNAL

PAR

EUGÈNE HATIN

—◦◦◦◦—

PARIS

LIBRAIRIE GERMER BAILLIÈRE ET Cie

108, BOULEVARD SAINT-GERMAIN, 108

—

Tous Droits réservés.

OUVRAGES DU MÊME AUTEUR

Histoire du Journal en France, 1846, in-16 de 120 pages.

— *La même*, deuxième édition, entièrement refondue. 1853, in-16 de 320 pages.

Histoire politique et littéraire de la Presse en France. 1859-1861, 8 vol., in-8°.

Les Gazettes de Hollande et la Presse clandestine aux XVIIᵉ et XVIIIᵉ siècles. 1865, in-8°.

Bibliographie historique et critique de la Presse périodique française, ou Catalogue systématique et raisonné de tous les écrits périodiques de quelque valeur ayant circulé en France depuis l'origine du journal jusqu'à nos jours ; avec extraits, notes historiques, critiques et morales, etc., 1866, grand in-8° à deux colonnes, avec portraits et vignettes.

La Presse périodique dans les deux Mondes. Essai historique et statistique sur les origines du journal, et sur la naissance et les développements de la presse périodique dans chaque État. 1866, gr. in-8° à 2 col. (Extrait du précédent.)

Manuel théorique et pratique de la liberté de la Presse. 1868, 2 vol. in-8°.

TABLE DES MATIÈRES

SECONDE PÉRIODE (1800-1880).

III

Le Journal en 1880.

UN MOT DE PRÉFACE

L'histoire du journal, cet hôte de tous les foyers, qui tient une si grande place dans nos habitudes, je pourrais ajouter dans nos destinées, est peu ou mal connue, même de ceux qui, par état, sembleraient ne pouvoir l'ignorer ; il est bien rare qu'on y touche sans l'estropier, au préjudice souvent de notre patrimoine littéraire.

D'assez nombreux travaux, cependant, ont été, depuis quelques années, publiés sur ce sujet ; mais celles de ces publications qui n'ont pas complètement disparu de la circulation ne sont pas à la portée de toutes les bourses ni de tous les loisirs.

J'ai donc cru faire une œuvre *utile* en résumant dans un petit volume, facile à se procurer, facile à lire, l'état actuel des connaissances sur un sujet que bien peu d'autres surpassent en intérêt.

L'objet de cette monographie, qu'on veuille bien le remarquer, n'est point l'histoire de la presse, — le cadre n'y suffirait pas ; — c'est, plus simplement, l'histoire du journal, de l'instrument. Il est impossible, sans doute, de parler d'un instrument sans être amené à parler de son rôle ; mais enfin mon but n'est pas de raconter les batailles livrées pour la liberté de parler et d'écrire, ni de passer en revue les innombrables acteurs de ces grandes luttes ; je voudrais seulement faire mieux connaître l'arme qui a le plus contribué à la victoire,

Quand, où et comment est né le journal, comment se sont successivement juxtaposés les éléments qui le constituent, comment il a grandi, par quelles phases il a passé pour arriver à son épanouissement actuel, quelle place il occupe aujourd'hui chez les différentes nations, enfin comment se fait un journal, par quels prodiges on a pu parvenir à jeter tous les matins dans la circulation cinq à six cent mille exemplaires d'une même feuille, voilà tout ce que j'aurais l'ambition d'apprendre à ceux qui ne le savent pas, et qui peuvent avoir intérêt ou plaisir à le savoir.

LE JOURNAL

I

Les Origines du Journal

Ses précédents. — Son berceau.

Chercher depuis quand le journal existe, c'est, en apparence, chercher depuis quand les hommes sont sociables, tant la vie commune nous semblerait impossible aujourd'hui sans ce merveilleux instrument de communication. Si, en effet, le journal est bien véritablement un pouvoir, il est encore plus une habitude; c'est, selon l'expression de Royer-Collard, « une nécessité sociale, plus encore qu'une institution politique ». Aux nations modernes il faut des journaux, comme aux Romains il fallait les jeux du Cirque; c'est un des besoins de notre existence, et comme un autre pain quotidien dont nous ne saurions plus nous passer. Alfred de Vigny a dit en badinant : « Le bourgeois de Paris est un roi qui a chaque matin, à son lever, un complaisant, un flatteur, qui lui conte vingt histoires. Il n'est pas obligé de lui offrir à déjeuner; il le fait taire quand il veut, et lui rend la parole à son gré. Cet ami docile lui plaît d'autant plus qu'il est le miroir de son âme, et lui dit tous les jours son opinion en termes un peu meilleurs qu'il ne l'eût exprimée lui-même. Ôtez-lui cet ami, il lui semblera que le monde s'arrête. Cet ami, ce miroir, cet oracle, ce parasite peu dispendieux, c'est son journal. » Ces petits bonheurs que le journal porte avec lui, et qui n'ont, du reste, jamais été le privilège exclusif du bourgeois de Paris, on les coudoie aujourd'hui tout le long des chemins, et on les pourrait rencontrer jusque dans la cabane roulante du berger.

Cela nous paraît si simple et si commode à la fois que volontiers nous nous laisserions aller à croire qu'il en a toujours été ainsi. Cependant le journal, dans le sens qui s'attache aujourd'hui à ce mot, est d'origine toute moderne. Il est bien évident, en effet, qu'il n'a pu précéder l'imprimerie ; il est impossible sans elle, il ne se comprend que par elle et avec elle ; même il ne l'a suivie que de très loin, à pas bien lents, et, pour sa vulgarisation, il fallait les merveilles enfantées depuis quelques années par la science et l'industrie.

C'est seulement au commencement du XVIIe siècle qu'on trouve les premiers embryons de la presse périodique ; mais elle répond à un besoin si vrai, à un besoin tel, qu'on peut supposer avec grande apparence de raison que les peuples qui ont successivement exercé l'empire du monde et marqué sur la terre leur trace civilisatrice ont dû avoir, sinon des journaux, au moins quelque chose qui leur en tînt lieu jusqu'à un certain point. Abstraction faite, en effet, de la curiosité publique, les gouvernements de tous les temps et de tous les pays ont dû éprouver la nécessité de porter leurs lois et leurs actes à la connaissance des gouvernés. Malheureusement nous manquons presque absolument de données à cet égard, et il est à craindre qu'on en soit longtemps encore réduit aux conjectures.

Des anciens dominateurs de l'Asie nous ne savons rien, non plus que des Grecs; mais nous trouvons de bonne heure chez les Romains une publication périodique qui avait tous les caractères possibles alors du journal.

Dès les premiers temps de Rome, le grand pontife, afin de conserver les souvenirs publics, recueillait tous les évènements de chaque année, et les écrivait sur une table blanchie, qu'il exposait dans sa maison, pour que le peuple pût la consulter. La république, pendant plusieurs siècles, n'eut pas d'autre histoire que ces Annales des pontifes. Mais, quand sa domination se fut étendue sur le monde presque tout entier, que la vie politique se fut développée en conséquence, le besoin de plus puissants instruments de publicité n'avait pas tardé à se faire sentir. On vit alors se produire, sous le nom d'*Acta diurna*, — faits journaliers, — une sorte de feuille publique ayant avec nos journaux une analogie que ne présentaient pas les Annales. Tandis que celles-ci, en effet, dont le caractère était éminemment sacré, n'enregistraient, en général, que les faits les plus mémorables de l'histoire, les *Acta* donnèrent place aux moindres détails qui étaient de nature à inspirer quelque intérêt, même éphémère, à tout ce qui pouvait piquer la curiosité publique, à peu près comme nos feuilles de nouvelles. Au dire de Suétone, la publication des *Acta* serait devenue quotidienne à partir de la dictature de Jules César, et il résulte d'un passage de Juvénal qu'ils avaient pris de son temps un assez grand développement : le célèbre satirique parle, en effet, d'une dame romaine qui passait sa matinée à lire le journal.

Dans l'origine, la publicité de ces bulletins était probablement fort restreinte, car on voit que les citoyens riches avaient des esclaves dont l'occupation consistait à les copier pour leurs maîtres; mais il n'avait pas tardé à se rencontrer des industriels pour en faire commerce, et Tacite nous apprend qu'on les envoyait dans les provinces, et jusque dans les armées.

Sans doute, il y a loin de cette publication au journal dans le sens que l'on attache à ce mot chez les nations modernes; cependant, si lointaine que soit la parenté, on ne peut nier l'analogie que présentent ces deux créations, nées évidemment du même besoin, mais qui se sont produites dans des temps si éloignés l'un de l'autre, et dans des circonstances si diverses sous tous les rapports.

Les *Acta diurna* paraissent s'être continués, à travers des vicissitudes diverses, jusqu'aux derniers empereurs. Quand l'empire tomba, les journaux disparurent : le journal est le signe et le besoin de la vie commune, et les barbares, après la conquête, dispersés avec les vaincus sur leurs propriétés, ne conservèrent entre eux aucun lien de civilisation. Et puis, on n'ignore pas combien la vie politique sommeilla longtemps chez les nations modernes.

La trace du journal nous échappe donc durant tout le moyen âge, et il faut descendre jusqu'aux premières années du XVIIe siècle, cent cinquante ans après l'invention de l'imprimerie, pour trouver quelque chose qui mérite réellement ce nom. On ne peut douter néanmoins qu'il n'y ait eu bien auparavant, dans presque tous les pays, des sortes de gazettes manuscrites, des lettres de nouvelles, des papiers-nouvelles, des nouvelles à la main. Venise et Francfort en possèdent des spécimens dans des genres divers, mais d'une égale importance.

On sait que, dès l'origine de la république vénitienne, le Sénat faisait rédiger, des faits survenus dans la ville et dans l'État, des notices sommaires, qu'il envoyait à ses agents diplomatiques pour les éclairer dans leurs négociations touchant les affaires internationales. On appela ces notices *Foglietti* ou *Fogli d'avvisi,* Petites Feuilles, Feuilles d'avis. Un temps vint où il fut permis d'en faire des copies à l'usage de certains personnages; mais jamais elles ne furent livrées, moyennant rétribution, à la curiosité publique, comme on le lit dans tous les recueils d'anas ; les historiens vénitiens eux-mêmes repoussent cette supposition. Comment admettre, en effet, qu'un gouvernement qui avait fait du silence le dogme fondamental de sa politique ait pu encourager ainsi les premiers essais de ces petites feuilles destinées à devenir les plus formidables machines de guerre qui aient jamais été inventées contre l'autorité des gouvernements? Ce n'est qu'à grand'peine, au contraire, et seulement en faveur des patriciens, que le défiant et soupçonneux Conseil des Dix paraît en avoir autorisé la circulation; jamais il ne permit de les imprimer, et elles demeurèrent manuscrites jusqu'à la chute de la république. Après l'invention de l'imprimerie, il se publia à Venise, comme sur d'autres points, des feuilles consacrées au récit d'évènements particuliers, intérieurs ou extérieurs, comme batailles, catastrophes, faits commerciaux, etc.; mais il faut bien se garder de confondre ces *Relazioni* avec les *Fogli d'avvisi*.

A Venise, on serait assez porté à voir dans ces dernières feuilles les premiers journaux politiques de l'Europe. Cette prétention est combattue par l'historien de la presse allemande et quelques autres, qui n'admettent pas qu'il puisse y avoir de journal manuscrit. Mais ce serait là une objection toute spécieuse, qui ne serait certainement point admise en droit, et qui n'est guère plus soutenable au point de vue historique. Ce qui constitue un journal, ce n'est point sa forme extérieure; c'est son contenu, c'est surtout sa périodicité. Ce qui peut faire contester aux *Avvisi* le titre de journal, c'est, avec leur publicité restreinte, l'irrégularité de leur publication; car ils ne paraissaient pas à des époques fixes, mais à des intervalles plus ou moins rapprochés, suivant les besoins ou les circonstances.

C'est la politique qui avait inspiré les *Avvisi* de Venise, comme elle avait inspiré les *Acta* de Rome, avec lesquels ils ont, comme on voit, une grande analogie. Vers la même époque, des intérêts d'un autre ordre donnaient naissance en Allemagne à quelque chose qu'on a voulu ranger parmi les journaux, et que je ne saurais, par conséquent, passer sous silence. Ce sont les lettres de commerce, les relations commerciales, qui, selon le *Conversations Lexikon* de Brockhaus, commencèrent à se répandre dans la seconde moitié du xvie siècle. Les Fugger, y lit-on, dont le commerce s'étendait sur tout le monde d'alors, publiaient *de temps en temps* de ces relations à Augsbourg, et, sous les auspices de cette puissante maison, elles auraient pris, à la fin du xvie siècle, une forme et une étendue qui les rapprochaient de nos journaux modernes. C'est tout ce que j'en puis dire ; mais j'ai vu dans ces correspondances commerciales un élément que je devais signaler, d'autant plus qu'il est moins commun.

L'élément qui domine généralement dans les premières gazettes manuscrites, c'est l'élément politique ou religieux, et, quand elles n'ont pas pour but de satisfaire un de ces grands intérêts, c'est surtout à la curiosité qu'elles s'adressent.

La passion des nouvelles est probablement aussi ancienne que le monde, et de tout temps il a dû se trouver des hommes pour spéculer sur cette passion ; elle devait être d'autant plus vive que les moyens de communication étaient plus incomplets. Au moyen âge ce besoin fut surexcité encore par les guerres civiles, par les guerres religieuses, surtout, qui rapprochaient les nations dans un intérêt commun ; c'est, en effet, au milieu de leurs fiévreuses agitations que se montrent les politiqueurs, les nouvellistes, les gazetiers, et que les gazettes à la main commencent à circuler en grand nombre en Europe.

Le nouvellisme ne fut d'abord qu'une manie de curieux ou d'oisifs ; mais sous la pression des évènements il avait fini par devenir un métier. En France, par exemple, les grands personnages avaient à leurs gages, comme ceux de Rome, des coureurs de nouvelles chargés de les tenir au courant des bruits de la ville ; on avait un nouvelliste comme on avait un maître d'hôtel ou un cocher : c'était un meuble de grande maison.

Mais tout le monde ne pouvait se payer un pareil luxe. Aussi le besoin de se renseigner avait fait organiser sur divers points de Paris des centres de réunion auxquels venaient aboutir, comme à un commun écho, tous les bruits sur les choses de l'intérieur et de l'extérieur. Les principaux de ces centres étaient : le jardin du Luxembourg, qui fut longtemps le chef-lieu du nouvellisme, et qui demeura toujours le point de ralliement des nouvellistes littéraires, des *chenilles de théâtre*, comme les appelle Gresset (1) ; — le jardin des Tuileries, où l'on rencontrait l'arrière-ban des nouvellistes, assis sur les bancs, « à l'ombre, autour du rondeau », et sur un autre « fort long, au bout du boulingrin », suivant ce que nous apprend un curieux petit livre, *l'Ambigu d'Auteuil* (1709, in-8º) ; — le jardin du Palais-Royal, rendez-vous habituel de la tourbe des nouvellistes,

Déguenillés, mourant de faim,
De ces hâbleurs passant leur vie
Dessous l'*arbre de Cracovie,*

un orme fameux, ainsi nommé des bourdes, des *craques*, qui se débitaient sous son ombrage ; — la *salle mugissante* du Palais ; — l'Arsenal ; le cloître des Augustins, que le voisinage du Pont-Neuf était très propre à achalander de nouvelles ; et celui des Célestins, où l'on voyait surtout des ab-

(1) C'est à ceux-là que s'adressait ce trait de La Bruyère, qui revient plus d'une fois à la charge contre la manie du nouvellisme : « Le devoir du nouvelliste est de dire : Il y a un tel livre qui court, et qui est imprimé chez Cramoisy, en tel caractère ; il est bien relié, et en beau papier ; il se vend tant. Il doit savoir jusques à l'enseigne du libraire qui le débite. Sa folie est de vouloir faire le critique. » Cette espèce de nouvelliste a complètement disparu devant le journal ; mais le jardin du Luxembourg est demeuré le rendez-vous des politiqueurs du quartier ; on les y rencontre, dans toutes les saisons, par bandes, se traînant dans les allées, ou faisant cercle autour d'un banc occupé par les têtes de colonne ou les premiers arrivés.

bés. Les nouvellistes se réunissaient encore dans les cafés, où les curieux se portaient en foule, comme jadis les Athéniens à la place du Marché, pour savoir les nouvelles du jour.

Dans l'origine, les nouvellistes se bornaient à se communiquer les nouvelles qu'ils avaient recueillies, chacun de son côté, ou tirées de leur imagination, et, en se séparant, ils les répandaient de vive voix par la ville. Mais bientôt on en était venu, dans la plupart des cercles, à en tenir registre; on en fit une sorte de journal, dont les copies manuscrites circulaient plus ou moins librement. Ces gazettes manuscrites sont connues dans notre histoire intime sous le nom de *Nouvelles à la main*. Le commerce s'en était même à la fin régularisé, autant que le permettait leur nature clandestine; chaque cercle avait son bureau de rédaction et de copie, ses correspondants en province, et ces *gazetins*, comme on les appelait encore, comptaient un assez grand nombre d'abonnés, auxquels on les adressait moyennant une somme qui variait suivant qu'elles se composaient de plus ou moins de pages.

Tout cela était sans doute fort élémentaire, mais enfin on voit que les moyens d'information et de communication n'ont jamais fait complètement défaut.

L'invention de l'imprimerie ne modifia que très lentement cet état de choses; ce n'est, nous l'avons déjà dit, qu'un siècle et demi plus tard qu'on rencontre les premiers journaux imprimés. Ce fait paraîtra d'autant plus difficile à comprendre que les sortes de gazettes manuscrites qui couraient le monde depuis si longtemps auraient dû, ce semble, si imparfaites qu'elles fussent, mettre sur la voie. Il en faut probablement chercher l'explication dans les méfiances des gouvernements, peu disposés généralement à appeler la lumière sur leurs actes, et qui pressentaient sans doute dans le journal, sinon un ennemi, au moins un témoin incommode, un importun.

De bonne heure, cependant, après l'invention de l'imprimerie, l'usage était devenu général d'imprimer sur des feuilles séparées et de vendre à bas prix des relations de tous les évènements remarquables, de tous les faits propres à affriander les lecteurs.

La majorité de ces relations, qui n'avaient trait, en général, qu'à un seul fait, ne portaient d'autre titre que l'indication sommaire de leur contenu, et quelques-uns de ces sommaires ont une forme remarquable : « C'est le triomphant baptesme de Monseigneur ». — « C'est l'ordre et forme qui a esté tenue au couronnement..... », — « Ce sont les articles de la capitulation..... », titres qui semblent faits pour être criés dans les rues, et qui rappellent les *boniments* des canards modernes. Les autres ont des titres très variés, mais revenant tous à la même signification, comme *Nouvelles*, *Évènements*, *Relation*, *Histoire*, et autres équivalents, parmi lesquels ceux qui exprimaient de la manière la plus simple l'objet auquel ils se rapportaient sont restés et ont servi plus tard à baptiser les journaux ; ce qui, par parenthèse, a donné lieu à des méprises plus ou moins volontaires, dans les discussions qui se sont élevées à propos du berceau du journal, que les nations modernes se sont disputé, comme les anciennes le berceau d'Homère.

En France, les dénominations qui restèrent, comme étant les plus caractéristiques, furent celles de *Gazette*, de *Journal* et de *Mercure*, qui, dans l'origine, eurent chacune une signification distincte. On désigna sous le nom de *Mercure* les recueils que nous appelons aujourd'hui des revues ; sous celui de *Journal* les « écrits qui s'imprimaient tous les mois, contenant le compte rendu des livres nouveaux et ce qui se passait de plus mémorable dans la république des lettres » ; — sous celui de *Gazette* les « cahiers, feuilles volantes, qu'on donnait au public à certains jours de la semaine, et qui contenaient des nouvelles de divers pays ». Ce n'est que dans ces derniers temps qu'on en est venu à comprendre sous l'appellation de *Journal* les écrits périodiques de toute nature.

On a beaucoup épilogué sur la provenance de ce nom de *gazette*, qui est passé dans toutes les langues. Les uns lui ont cherché une origine hébraïque, les autres une origine hindoue ; de mauvaises langues voudraient qu'on y vît tout simplement un diminutif du nom d'un oiseau babillard, *gazza*, la pie. L'opinion la plus généralement acceptée, et la plus plausible, le fait venir de l'italien *gazzetta*, nom d'une petite monnaie qu'on aurait payée à Venise pour avoir ou pour lire les feuilles de nouvelles, sans doute les *avvisi* dont nous venons de parler. Tout ce que je puis dire d'absolument certain, c'est que la première *gazzetta*, la première monnaie de ce nom, fut frappée en 1536, et que le premier journal vénitien qui ait porté ce titre de *Gazzetta* n'apparaît que plus d'un siècle après, en 1760, quand notre Gazette comptait déjà cent trente ans d'existence.

Mais laissons-là ces jeux de mots, et revenons à nos... canards.

Il y a eu de ces feuilles volantes, en plus ou moins grand nombre, à peu près partout où il y a eu des presses; mais nulle part on ne voit qu'elles aient eu quelque enchaînement entre elles, et l'on ne saurait, par conséquent, leur reconnaître le caractère du journal, dont elles n'ont ni la périodicité, ni la continuité, ni la variété, quand même quelques-unes présenteraient entre elles quelque ressemblance de forme.

Si cependant ces publications n'étaient point encore le journal, elles devaient nécessairement y conduire. On était venu probablement d'assez bonne heure à réunir plusieurs évènements sur la même feuille ou dans le même cahier; or, le jour où l'industrie d'un homme, encouragée par la curiosité croissante du public, donnerait un titre uniforme à ces feuilles volantes, établirait entre elles un ordre de succession et leur assignerait un retour périodique, le journal serait créé.

Où et quand ce progrès s'est-il manifesté, c'est ce qu'aujourd'hui encore il serait assez difficile de décider.

Venise a pour elle une tradition presque unanime, mais vague, qui ne s'appuie guère que sur l'étymologie du mot *gazette,* et qu'aucun de ses enfants ne s'est jamais, que je sache, préoccupé de faire prévaloir. Nous savons, du reste, à quoi nous en tenir de ce côté. Si l'on admet un journalisme manuscrit, si l'on fait entrer les gazettes manuscrites en ligne de compte, la priorité ne semblerait pas jusqu'ici pouvoir être disputée à la cité des Doges; mais, si l'on ne veut parler que du journal imprimé, c'est ailleurs qu'il nous en faut chercher le berceau.

L'Angleterre et l'Allemagne ont élevé de ce chef des prétentions qui ont été soutenues de part et d'autre avec une égale hauteur.

Le principal champion de l'Angleterre, l'historien Chalmers, s'était d'abord prononcé pour Venise, s'appuyant sur cette dénomination de *gazette*, dont il confondait les deux sens. Plus tard, furetant, au *British Museum*, dans une collection de vieux journaux, la plus complète probablement qu'il y ait au monde, il rencontrait trois feuilles imprimées sous ce titre : *the English Mercury*, portant les numéro 50, 51 et 54, et la date de 1588. A cette trouvaille, son enthousiasme déborde : « Après avoir fait en différents pays de longues investigations sur l'origine des journaux, j'ai eu la satisfaction de trouver en Angleterre même ce que j'étais allé chercher bien loin. Oui, s'écrie-t-il, nous pouvons dire, à notre grande gloire, que le genre humain est redevable du premier journal à la sagesse d'Élisabeth et à la prudence de Burleigh. » Malheureusement, ce glorieux trophée dont Chalmers se montrait si fier était le produit d'une supercherie littéraire qui a été depuis impitoyablement percée à jour par les Anglais eux-mêmes, se mettant ainsi hors de combat. Après ce Mercure apocryphe, en effet, ils n'ont plus rien à faire entrer en ligne, jusqu'à 1622, que des *News*, feuilles volantes ou placards, contenant le récit d'évènements qui s'étaient accomplis en Angleterre ou sur le continent. Et, chose remarquable, dans ce dernier cas, le titre indique presque toujours que les nouvelles offertes au public sont traduites de l'original hollandais.

Cette circonstance semblerait trancher, au moins relativement, la question de priorité en faveur de la Hollande. Mais s'il y a beaucoup de probabilités en faveur des Provinces-Unies, qui furent, à n'en pas douter, un des berceaux du journal, il n'y a rien de plus. La plus ancienne publication périodique quelque peu régulière qui soit conservée à la bibliothèque de la Haye ne remonte pas au-delà de 1626; et l'Allemagne nous montre des journaux plus anciens.

L'historien de la presse allemande, le docteur Prutz, a une manière de raisonner à lui. Après s'être fortement élevé contre les écrivains qui, dans cette question, se laissent guider par l'amour louable, mais intempestif, du clocher, il se prononce carrément pour l'Allemagne; sans se préoccuper des preuves que d'autres peuples pourraient apporter à l'appui de leurs prétentions, il proclame que la nation allemande était seule apte, par son génie particulier, par son organisation démocratique, à inventer le journal, comme elle seule avait pu inventer l'imprimerie. Cette philosophie de l'histoire, si elle était admise, simplifierait sans doute beaucoup la solution des grandes questions litigieuses; mais le moindre document est plus concluant que toutes les preuves abstraites. Or, c'est seulement en 1615 ou 1616, qu'aurait paru à Francfort la « première véritable gazette » — allemande, et encore n'en connaît-on pas de numéro antérieur à 1658.

Je ne pousserai pas plus loin sur ce terrain encore rempli d'obscurité, et je dirai tout de suite que jusqu'ici, du moins à ma connaissance, c'est à Anvers que reviendrait l'honneur d'avoir donné le jour au premier journal imprimé. En 1605, un imprimeur de cette ville, Abraham Verhoeven, obtint des archiducs Albert et Isabelle le privilège « d'imprimer et de graver sur bois ou sur métal, et de vendre dans tous les pays de leur juridiction, toutes les nouvelles récentes, les victoires, les sièges et prises de villes que lesdits princes feraient ou gagneraient. » Je dois dire

qu'on ne connaît ce privilège que par la con
firmation qui en fut accordée à Verhoeven en
1620. On a des raisons de croire que ces *Nieuwe
Tydinghen* parurent d'abord à des intervalles
indéterminés, suivant les évènements. En 1621,
elles portent un numéro d'ordre, et les numéros
se succèdent dès lors plus rapidement : ainsi les
années 1622 et 1623 ont 179 et 141 numéros, ce
qui fait environ trois par semaine; et il en paraît toujours au moins un, même quand les nouvelles font absolument défaut : tout est bon alors
à l'éditeur pour remplir son cadre, une pièce de
vers, une ballade, un pamphlet, quoi que ce
soit. En 1629, la petite feuille de Verhoeven devint
hebdomadaire, sous le titre de *Wekelyke Tydinghe.*
Le numéro se compose le plus souvent de huit
pages petit in-8°, dont la première est occupée
par un grand titre et une vignette empruntée
d'ordinaire du principal évènement dont il est
question, et qui, par conséquent, varie chaque fois;
la huitième page aussi est assez souvent remplie
par une vignette.

Ce n'était là encore, tout illustré qu'il était,
qu'un journal bien élémentaire; mais enfin c'é-
tait un journal, et c'est jusqu'ici le plus ancien
que j'aie rencontré, que j'aie vu, touché; — j'en
possède même quelques numéros.

II

Le Journal en France

LE JOURNAL POLITIQUE

La *Gazette*. — Théophraste Renaudot

Si la France ne peut disputer aux nations voisines l'honneur d'avoir donné naissance au journal, elle a sur elles l'avantage d'avoir eu du premier coup un vrai journal. Notre *Gazette de France* fut, au témoignage des hommes les plus désintéressés, le premier qui répondît, — autant du moins qu'on peut l'exiger eu égard à l'époque, — à l'idée que nous nous faisons d'un journal. Du premier jour, elle s'est placée au-dessus de tout ce qui avait existé d'analogue, par la régularité de sa publication, par sa circulation européenne, par l'abondance et le choix des matières, par la supériorité de sa rédaction et le nombre de ses correspondants ; et son fondateur a pu justement prendre cette devise, qui orne son portrait :

Invenisse juvat, magis exsequi ; at ultima laus est
Postremam inventis apposuisse manum.

Ce fondateur de la *Gazette*, on sait assez généralement qu'il s'appelait Théophraste Renaudot, mais c'est à peu près tout ; et il est véritablement surprenant que si peu d'honneur se soit attaché à la mémoire d'un homme aussi remarquable à tant de titres, du père des journalistes français, alors surtout que les journalistes sont devenus ce qu'ils sont, et dans un siècle où les statues sortent si facilement de terre. « La *Gazette*, a dit un bon juge, Vigneul-Marville, la *Gazette*, que la plupart des gens regardent comme une chose de rien, est, à mon gré, un des plus difficiles ouvrages qu'on ait entrepris de nos jours. Il fallait autant de génie et de capacité qu'en avait feu M. Renaudot pour y réussir au point qu'il a fait, dès qu'il a commencé à y mettre la main. Cela demande une connaissance fort étendue de notre langue et de tous ses termes, une grande facilité d'écrire et de narrer nettement, finement et en peu de mots. Il faut savoir parler de la guerre sur mer et sur terre, et ne rien ignorer de ce qui regarde la géographie, l'histoire du temps et celle des familles illustres, la politique, les intérêts des princes, le secret des cours, les mœurs et les coutumes de toutes les nations du monde. Enfin, sans entrer dans un plus grand détail, il faut tant de sortes de connaissances pour bien écrire une gazette que je ne sais comment on a osé l'entreprendre. »

Renaudot était un homme à idées modernes, un de ces vifs esprits pour qui le progrès est un besoin, qui, dans leur impatience, peuvent quelquefois faire fausse route, mais dont la féconde activité tourne toujours, en fin de compte, au profit de la société. C'était, avant tout, un philanthrope ardent ; toutes ses « innocentes inventions » avaient pour but le soulagement des pauvres.

Il était né à Loudun, « le domicile des diables »,

en 1586 ; cela résulte de cette légende du portrait qui figure en tête de l'exemplaire de la *Gazette* de la Bibliothèque nationale : *Theophrastus Renaudot Juliodunensis, medicus et historiographus regius, ætatis anno* 58, *salutis* 1644. Après avoir étudié la chirurgie à Paris, il était allé se faire recevoir docteur à Montpellier, puis il avait voyagé pendant plusieurs années. Retourné dans sa ville natale, il y avait exercé son art avec un succès qui avait répandu au loin sa réputation.

En 1612, il est revenu à Paris, où le roi, « aussitôt son heureux avènement à la couronne, l'a fait mander exprès du lieu de sa demeure, éloigné de cent lieues, pour contribuer le peu qu'il avait d'industrie au règlement des pauvres de son royaume ». Il y avait obtenu, dès son arrivée, le titre de médecin du roi, l'office de commissaire général des pauvres, valides et invalides, du royaume, enfin le privilège des Bureaux d'adresse, sorte d'office de publicité, de maison de commission et de placement. On lit dans le brevet qui lui fut délivré à cet effet, le 14 octobre 1612, que le roi, « désirant gratifier et favorablement traiter Théophraste Renaudot, l'un de ses médecins ordinaires, lequel Sa Majesté, sur l'avis qu'elle avait eu de sa capacité, avait fait venir exprès à Paris, pour l'employer au règlement général des pauvres de son royaume », lui avait fait don de la somme de 600 livres, « pour les bons et agréables services qu'il lui avait rendus, et pour les frais de ses voyages ».

Ces faveurs, Renaudot en fut sans doute redevable pour beaucoup à la protection de Richelieu, son compatriote, qui n'avait pas tardé à le distinguer ; tout au moins les méritait-il, et à plus d'un titre. Ainsi la chimie, qui était encore dans son enfance, commençait à fournir à la thérapeutique quelques curatifs nouveaux, contre lesquels tonnait la Faculté de Paris. Renaudot, qui cherchait le progrès partout, se montra un des plus ardents à exploiter cette mine nouvelle, et, en dépit de la routine, ses « remèdes chimiques » eurent un succès d'autant plus grand, qu'il les donnait gratuitement aux pauvres, avec ses consultations par surcroît. Ainsi encore, dans le but de venir en aide aux travailleurs nécessiteux, il avait établi un mont-de-piété, le premier établissement de ce genre que l'on ait vu en France, où l'on prêtait le tiers de l'estimation des objets moyennant trois pour cent d'intérêt et un léger droit d'enregistrement.

Toutes ces œuvres avaient leur centre dans une maison de la rue de la Calandre ayant pour enseigne *Au Grand Coq*. C'est là qu'avait été établi le premier *Bureau d'adresse et de rencontre*, qui était devenu peu à peu un centre de réunion pour les nouvellistes et comme une académie. J'ai donné ailleurs (1) la très curieuse histoire de cet établissement, dont on ne comprendrait qu'imparfaitement l'importance si l'on ne se reportait à l'époque même, si l'on ne savait combien étaient élémentaires, au commencement du XVII° siècle, les moyens d'information et de publicité. Il avait commencé à fonctionner, ou, pour nous servir de l'expression de Renaudot, il « était avenu l'an 1630, fondé sur l'autorité d'Aristote et du sieur de Montagne » ! Mais Renaudot en avait conçu et présenté le plan dès son arrivée à Paris, en 1612; il n'avait pas fallu moins de dix-huit ans pour le mettre sur pied.

_____

(1) *Histoire de la presse*, t. I, p. 66, et t. II, p. 58.

C'est de cette officine que sortit notre premier journal, auquel son auteur donna le nom de *Gazette*, « pour être plus connu du vulgaire, avec lequel il fallait parler » (1).

Le premier numéro parut le 30 mai 1631.

Voici quelles sont les nouvelles contenues dans ce numéro, avec la date de leur départ : de Constantinople, le 2 avril; de Rome, le 26 avril, et sous cette rubrique se trouvent les nouvelles d'Espagne et de Portugal; de la Haute-Allemagne, le 30; de Freistad en Silésie, le 1er mai; de Venise, le 2; de Vienne, le 3; de Stettin, de Lubec, le 4; de Francfort-sur-l'Oder, de Prague, de Hambourg, de Leipsic, le 5 : de Mayence, le 6; de la Basse-

(1) Le mot de *gazette* se trouve, en effet, dans notre langue bien avant l'établissement de notre premier journal. La première fois que je le rencontre, c'est dans un pamphlet de 1600, *la Flandre conservée*, où se lit cette phrase : « L'infanterie souffrait mille incommoditez, combien que les faiseurs de gazettes assurent qu'il y a eu parmi cela quelque terreur panique. » A quatre ans de là, un historien forésien, Marcellin Allard, publiait une *Gazzette françoise*, dont le titre pourrait faire croire à un journal, si l'auteur n'avait pris soin tout d'abord de prémunir contre cette supposition le lecteur, « qui, ayant vu à l'ouverture de ce livre le mot *gazzette*, qui » n'est autre chose que nouvelles et advis sans suite ny sans « ordre, selon que le temps les produit, et quelquefois la fan- « taisie, voudroit néanmoins y voir observer les parties et « perfections cosmographiques... C'est ici une sorte de *sau- « grenée* ou *pot-pourri*, contenant toute sorte de discours agréa- « bles... » Ce passage est surtout précieux en ce qu'il donne une idée très nette de ce qu'on entendait alors par gazette : c'était — par opposition sans doute aux récits suivis de l'histoire — des nouvelles et avis sans suite ni ordre, suivant que le temps les apportait; la fantaisie brochait quelquefois sur le tout, mais encore fallait-il observer certaines règles, bien connaître son *monde*. N'est-ce donc pas là déjà le journal, sauf la polémique, la feuille de nouvelles? Quoi qu'il en soit, le mot de *gazette* devait être, à l'époque où parurent ces pièces, encore bien nouveau, car il ne figure pas dans le *Thrésor de la langue françoise*, de Nicot, publié en 1606.

Saxe, le 9 ; de Francfort-sur-le-Mein, le 14 ; d'Amsterdam, le 17 ; et enfin d'Anvers, le 24 mai.

C'était pas mal pour un début, et pour un temps où, comme on le voit, les communications n'étaient pas précisément rapides.

Citons encore, à titre de curiosité, le premier article de ce premier de nos journaux :

« *De Constantinople,* le 2 avril 1631 : Le roy de Perse, avec 15 mille chevaux et 50 mille hommes de pied, assiége Dille, à deux journées de la ville de Babylone, où le Grand-Seigneur a fait faire commandement à tous les janissaires de se rendre, sous peine de la vie, et continue, nonobstant ce divertissement-là (cette diversion), à faire toujours une âpre guerre aux preneurs de tabac, qu'il fait suffoquer par la fumée. »

Une chose remarquable, c'est que ce premier numéro ne contient aucune nouvelle de France, non plus que les quatre suivants ; on ne commence à en trouver que dans le sixième, à la fin duquel se lit, aussi pour la première fois, l'indication du bureau et la date, en ces termes : *Du Bureau d'adresse, au Grand Coq, rue de la Calandre, sortant au Marché Neuf, près le Palais, à Paris, le 4 juillet 1631, avec privilége.*

Je ne m'arrêterai point aux fables absurdes qui ont cours dans les anas sur les origines de la *Gazette,* laquelle n'aurait été dans l'origine qu'un recueil de balivernes, que Renaudot distribuait à ses malades pour les amuser ! Le certain, c'est qu'on ignore les circonstances qui en marquèrent la naissance, mais on ne peut douter que l'enfantement n'en ait été très laborieux. L'exécution présentait des difficultés bien plus grandes encore. Voici, en substance, comment Renaudot s'explique

sur ce dernier point dans une préface placée en tête
du Recueil des gazettes de 1631 :

Si la crainte de déplaire à leur siècle a empêché
plusieurs bons auteurs de toucher à l'histoire de
leur âge, quelle doit être la difficulté d'écrire celle
de la semaine, voire du jour même où elle est publiée!
Joignez-y la brièveté du temps que l'impatience de
votre humeur me donne, et je suis bien trompé si les
plus rudes censeurs ne trouvent digne de quelque ex-
cuse un ouvrage qui se doit faire en quatre heures de
jour, que la venue des courriers me laisse, toutes les
semaines, pour assembler, ajuster et imprimer ces
lignes. En une seule chose ne céderai-je à personne,
en la recherche de la vérité, de laquelle néanmoins je
ne me fais pas garant, étant malaisé qu'entre cinq
cents nouvelles écrites à la hâte, il n'en échappe quelqu'une à nos correspondants qui mérite d'être corri-
gée par son père le temps.

« Il sera, d'ailleurs, toujours disposé à accueillir
les rectifications. Mais qu'on se garde de lui envoyer des mémoires partiaux et passionnés, vu
que ses gazettes sont épurées de toute autre passion que celle de la vérité. Du reste, s'il parle de
la difficulté qu'il rencontre en la composition de
ses gazettes et nouvelles, ce n'est pas pour en
faire plus estimer son ouvrage, c'est pour s'excuser de ne pouvoir satisfaire tous les goûts :

Les capitaines y voudraient rencontrer tous les jours
des batailles et des sièges levés ou des villes prises ;
les plaideurs, des arrêts en pareil cas. Les personnes
dévotieuses y cherchent les noms des prédicateurs,
des confesseurs de remarque. Ceux qui n'entendent
rien aux mystères de la cour les y voudraient trouver
en grosses lettres. Tel, s'il a porté un paquet en cour,
ou mené une compagnie d'un village à l'autre sans
perte d'homme, ou payé le quart de quelque médiocre

office, se fâche si le roi ne voit son nom dans la *Gazette*. D'autres y voudraient voir ces mots de *Monseigneur* ou de *Monsieur* répétés à chaque personne dont je parle. Il s'en trouve qui ne prisent qu'un langage fleuri, d'autres qui veulent que mes relations ressemblent à un squelette.

« Enfin il fera son possible pour contenter les uns et les autres; et s'il parle quelquefois des grands sans les louer, c'est que, la vraie et solide louange se trouvant dans les actes vertueux, dire la vérité, c'est louer tout ce qui le mérite. Mais il ne se fait pas d'illusion, il n'y réussira pas mieux que le Meunier et son Fils. D'ailleurs, pourrait-il tenir la bride à la censure qu'il ne le ferait pas, cette liberté de reprendre n'étant pas le moindre plaisir de ce genre de lecture. Il n'en a pas moins une foi absolue dans son œuvre, qui sera maintenue pour l'utilité qu'en reçoivent le public et les particuliers : le public, pour ce qu'elles empêchent plusieurs faux bruits qui servent souvent d'allumettes aux mouvements et séditions intestines; voire, si l'on en croit César en ses *Commentaires*, dès le temps de nos aïeux leur faisaient entreprendre précipitamment des guerres dont ils se repentaient tout à loisir; les particuliers, chacun d'eux ajustant volontiers ses affaires au modèle du temps. Ainsi le marchand ne va plus trafiquer dans une ville assiégée ou ruinée, ni le soldat chercher emploi dans le pays où il n'y a point de guerre; sans parler du soulagement qu'elles apportent à ceux qui écrivent à leurs amis, auxquels ils étaient auparavant obligés, pour contenter leur curiosité, de décrire laborieusement des nouvelles le plus souvent inventées à plaisir et fondées sur l'incertitude d'un simple ouï-dire. Encore que le seul conten-

tement que produisent ainsi fréquemment ses gazettes, et qui sert d'un agréable divertissement
ès compagnies, qu'elle empêche des médisances et
autres vices que l'oisiveté produit, dût suffire
pour les rendre recommandables. Du moins sont-
elles en ce point exemptes de blâme, qu'elles ne
sont aucunement nuisibles à la foule du peuple,
non plus que le reste de ses innocentes inventions, étant permis à chacun de s'en passer, si
bon lui semble. »

Cette préface, si caractéristique, est précédée
d'une dédicace au roi, nécessairement très humble,
très flatteuse. La *Gazette* y est présentée comme
« le journal des rois et des puissances de la terre ;
tout y est par eux et pour eux, qui en font le
capital ; les autres personnages ne leur servent que
d'accessoire. » Mais nous venons de voir combien, au fond, l'honnête Renaudot est préoccupé
de cet accessoire.

Quoi qu'il en soit, la *Gazette* répondait à un
besoin trop réel pour que le succès en pût être
un instant douteux ; aussi fut-il rapide et grand,
et Renaudot, qui pendant deux ans s'était cru
obligé de répondre une fois par mois à ses détracteurs, ne tarda pas à se mettre au-dessus des
petites jalousies ; dès 1633, il parle en homme
qui est sûr de sa force :

Les suffrages de la voix publique, dit-il, m'épargnent
désormais la peine de répondre aux objections auxquelles l'introduction que j'ai faite en France des gazettes donnait lieu, lorsqu'elle était encore nouvelle ;
car maintenant la chose en est venue à ce point qu'au
lieu de satisfaire à ceux à qui l'expérience n'en aura
pu faire avouer l'utilité, on ne les menacerait de rien
moins que des petites-maisons. Seulement ferai-je, en
ce lieu, aux princes et aux États étrangers, la prière

de ne perdre point inutilement le temps à vouloir fermer le passage à mes nouvelles, vu que c'est une marchandise dont le commerce ne s'est jamais pu défendre, et qui tient cela de la nature des torrents, qu'il se grossit par la résistance.

C'était là un langage digne d'un écrivain qui a la conscience de son œuvre, et que l'on croirait plus jeune de deux siècles.

Et cependant les difficultés de toute nature que présentait une entreprise si nouvelle et si compliquée ne furent pas les seules qui en entravèrent le début ; Renaudot eut encore à soutenir contre la routine et l'envie une lutte acharnée. Heureusement il avait de puissants protecteurs.

Nous avons déjà dit l'intérêt que lui portait Richelieu. Cet habile ministre avait vu tout de suite dans la *Gazette* un excellent moyen de gouvernement. Non seulement, il la couvrit de sa protection, mais encore il s'en était fait le collaborateur, et s'en servait pour publier ce qu'il avait intérêt à faire connaître ou à faire croire à l'Europe. Louis XIII lui-même, qui n'osait guère avoir de volonté, ni parler un peu haut, avait recours à la *Gazette* pour dire son mot sur les affaires publiques.

C'était là, sans doute, une fort honorable collaboration, mais qui ne laissait pas d'avoir des dangers. Quand Louis XIII fut mort, et qu'Anne d'Autriche eut été nommée régente, Renaudot, menacé dans son privilège, dut rendre compte du passé médisant de sa *Gazette*, que ses envieux l'accusaient d'avoir ouverte aux ennemis de la reine. Mais, dit à ce propos Monteil, le père des journalistes français ne pouvait être un sot. Il se

défendit fort adroitement dans une Requête
adressée à la Reine, et qui révéla tout le mystère
de cette haute comédie : « Chacun sait, y lit-on,
que le roi défunt ne lisait pas seulement mes gazettes et n'y souffrait pas le moindre défaut, mais
qu'il m'envoyait presque ordinairement des mémoires pour y employer... Était-ce à moi à exami-
ner les actes du gouvernement? Ma plume n'a été
que greffière... Mes presses ne sont pas plus cou-
pables d'avoir roulé pour ces mémoires... que le
curé qui les lirait à son prône, que l'huissier ou le
trompette qui les publierait. » Finalement, Renaudot gagna son procès, et il alla plus avant
encore dans la faveur de Mazarin qu'il n'avait été
dans celle de Richelieu.

Sa conduite durant la Fronde fournit une autre
preuve de sa rare habileté, des ressources inépui-
sables de son esprit. Lorsque la cour sortit de
Paris, le 6 janvier 1649, il eut ordre de la suivre à
Saint-Germain : Mazarin lui avait donné la direction de l'imprimerie qu'il faisait emporter, et qui
fut établie dans un des appartements de l'Oran-
gerie. Le rédacteur de la *Gazette* ne pouvait
qu'être flatté d'une pareille faveur; dans tous les
cas il n'y avait pas à hésiter. Mais quitter Paris,
c'était laisser le champ libre à la concurrence.
Renaudot trancha la difficulté en habile homme
qu'il était. Il avait deux fils, attachés avec lui à
la rédaction de la *Gazette*; il les laissa à Paris,
avec le plan d'un nouveau journal, et, pendant
qu'il écrivait la *Gazette* à Saint-Germain pour la
cour, ses enfants écrivirent à Paris le *Courrier
françois* pour le parlement. Qui sait même si
Mazarin ne fut pas pour quelque chose dans ces
calculs? Il était assez fin pour cela. On pouvait
présumer que le parlement, qui gouvernait à

Paris, voudrait avoir, comme la cour, sa gazette à lui : n'était-il pas d'une habile politique, de la part du cardinal, de la lui faire faire par des hommes à sa dévotion?

Quoi qu'il en soit, la combinaison réussit au-delà des espérances de Renaudot. La *Gazette* avait créé dans les habitudes des Parisiens un besoin de curiosité que les évènements ne pouvaient que rendre de plus en plus vif.

Depuis les grands jusques aux petits, lit-on dans une Mazarinade, on ne parle d'affaires que par la *Gazette*; les aisés les achètent et en font des recueils; d'autres se contentent de les lire, en payant un droit pour cette lecture, ou se cotisent entre eux pour l'avoir à moindres frais; et bref, dans la plus sérieuse compagnie on dira : Que dit-on de nouveau? Qu'apprenez-vous de bon? Comment vont les affaires? Avez-vous vu la *Gazette* d'aujourd'hui? Parle-t-elle de ceci ou de cela? **Touche-t-elle quelque chose d'Angleterre?** Et même, si l'on met en avant quelque nouvelle, il ne faut, pour la rejeter, que dire : Cela n'est point dans la *Gazette* et par conséquent cela est faux; et s'il était vrai, la *Gazette* n'aurait pas manqué d'en parler. Aussi, dès les premiers jours du blocus, les Parisiens, renfermés dans leurs murs, souffraient plus du manque de gazettes que de la disette de pain. Il semble que tout soit mort depuis que la Gazette ne va plus; l'on vit comme des bêtes, sans savoir rien de ce qui se passe, et sans quelques rogatons dont les colporteurs, en vidant leurs pochettes, remplissaient ces chambres vides de cervelle, ils prenaient le grand chemin des petites-maisons.

Le *Courrier* ne pouvait donc arriver plus à propos; aussi son succès fut-il très grand. « Le pain ne se vendait pas mieux que ses papiers; on y courait comme au feu, l'on s'assommait pour en avoir, et les colporteurs donnaient des arrhes dès la veille afin qu'ils en eussent des premiers. On n'entendait, les vendredis, crier autre chose que le *Courrier françois*, et cela rompait le cou à toutes les autres productions d'esprit. » Il faut dire aussi que ses rédacteurs, les dignes fils de leur père, étaient parfaitement instruits de « toutes les manigances qu'il fallait pratiquer, comme il fallait adoucir et couler les mauvaises nouvelles, exagérer les avantageuses, assurer les douteuses délicatement, si bien que l'on s'en pût dédire sans contradiction, et faire en sorte de se bien faire venir des puissances, agréer du peuple, et n'attirer sur soi la haine ni la malédiction de personne. » Avec tout cela comment s'étonner que le *Courrier* ait pu si bien « faire ses orges et faire accabler son imprimeur de sous bossus » ?

La fortune du *Courrier*, qui se vendait un sou, devait nécessairement appeler la concurrence. Des libraires le contrefirent ; d'autres usurpèrent son titre ; quelques auteurs l'imitèrent ; un, mieux avisé, nommé Saint-Julien, eut l'idée de le traduire *fidèlement* en vers burlesques. Cette traduction n'était, en quelque sorte, qu'une paraphrase ; mais son mérite dépassait de beaucoup celui de l'original. Le vers, lestement et facilement fait, ne manque ni de gaieté ni d'esprit ; les traits y sont parfois assez plaisants. Mais ce qui frappe surtout, c'est la rapidité avec laquelle son auteur improvisait ce journal, dont chaque numéro compte six à huit cents vers. Le *Courrier françois* était vendu le vendredi, et le surlendemain dimanche Saint-Julien en donnait la copie rimée. Cependant, de toutes les formes que prit alors le pamphlet, c'est le journal qui fut traité avec le moins de talent. Nulle idée ne domine ces sortes d'écrits, aucun plan ne les guide ; ce sont des relations dont la forme, le plus souvent, ne vaut pas mieux que le fond. Le journal, qui vient d'être créé, n'est pas encore né à la vie politique ; ce n'est encore qu'une simple chronique, qui s'adresse moins à la passion du public qu'à sa curiosité ; et les chances de succès sont à celui qui intéresse ou amuse le plus ses lecteurs : de là la faveur dont jouit alors le genre burlesque, mis en vogue par Scarron à tel point qu'il se trouva, au milieu de ces saturnales, un écrivain assez osé pour mettre la Passion en vers burlesques.

Aussi quand, après la guerre, la *Gazette*, revenue à Paris, réclama sa place et voulut rentrer dans ses droits, elle ne trouva devant elle que des cadavres ou des fantômes. Seul le *Courrier françois*, pour sauver les apparences, fit un semblant de résistance, dont elle eut facilement raison. Les Parisiens, après avoir, pendant quatre ans, si largement usé du droit de parler et d'écrire, rentrèrent paisiblement sous le régime du privilège et du monopole, et Renaudot put continuer, sans autre encombre, la publication de son journal jusqu'à sa mort, arrivée le 25 octobre 1653.

Voici en quels termes cette mort est annoncée dans la *Gazette* du 1er novembre :

Le 25 du mois dernier mourut, au quinzième mois de sa maladie, en sa soixante-douzième année, Théophraste Renaudot, conseiller médecin du roi, historiographe de Sa Majesté, d'autant plus recommandable à la postérité que, comme elle apprendra de lui les noms des grands hommes qu'il a employés en cette histoire journalière, on n'y doit pas taire le sien, d'ailleurs assez célèbre pour son grand savoir et la capacité qu'il a fait paraître durant 50 ans en l'exercice de la médecine, et par les autres belles productions de son esprit, si innocentes que, les ayant toutes destinées à l'utilité publique, il s'est toujours contenté d'en recueillir la gloire.

Cet éloge de l'honnêteté et du désintéressement de Renaudot est confirmé par le témoignage de son plus mortel ennemi, de Guy Patin, qui écrivait, dans une lettre du 12 novembre : « Le vieux Théophraste Renaudot mourut ici le mois passé, gueux comme un peintre »; ne craignant pas de se donner ainsi un éclatant démenti à lui-même et aux calomnies qu'il avait si laborieusement entassées contre le *gazetier*, comme il l'appelait dédaigneusement, dans un procès que lui avait intenté la Faculté de médecine, procès qui tient une grande place dans la vie de Renaudot, mais dont l'histoire, si curieuse qu'elle soit, ne rentre point dans notre cadre. D'ailleurs tous les pamphlets, tous les quolibets du monde, — et Dieu sait s'il en fut accablé par le caustique instrument de la Faculté dans cette querelle, — ne pouvaient, pas plus que les procès, prévaloir contre le bon sens public. Renaudot conserva malgré tout la réputation d'un savant médecin, et il emporta dans la tombe la reconnaissance des pauvres et l'estime de tous les gens éclairés. Il avait du reste assez vécu pour voir l'humiliation de ses adversaires. La Faculté avait été forcée de s'incliner devant l'évidence, et l'antimoine avait triomphé de ses préjugés. Quant à la *Gazette*, nous savons quel en fut le succès.

Et la *Gazette*, le journal politique, n'est pas son seul titre à la reconnaissance du public en général, et des journalistes en particulier ; c'est encore à Renaudot, comme nous le verrons bientôt, que remontent la publicité commerciale et la publicité littéraire et scientifique. Comment donc, je le répète, par quelle étrange fatalité a-t-il pu se faire que le nom d'un pareil homme soit à peine connu, quand ses conceptions ont toutes reçu du temps une éclatante sanction, quand le germe qu'il avait déposé dans les bureaux d'adresse a si merveilleusement fructifié, quand la presse, enfin, est devenue ce qu'elle est? Un pareil oubli ne saurait demeurer éternellement sans réparation, et il ne dépendra pas de nous que justice ne soit enfin rendue au père des journalistes français.

La *Gazette* de Renaudot paraissait une fois par semaine, en quatre pages petit in-4° d'abord, puis, dès la deuxième année, en huit, — quelquefois même, mais rarement en douze, — qui étaient divisées en deux cahiers, intitulés, l'un *Gazette*, l'autre *Nouvelles ordinaires de divers endroits*, « cela pour la commodité de la lecture, qui est plus facile à diverses personnes étant en deux cahiers, et aussi à cause de la diversité des matières et des lieux d'où viennent les lettres y contenues, les *Nouvelles* comprenant ordinairement les pays qui nous sont septentrionaux et occidentaux, et la *Gazette* ceux de l'orient et du midi. » Elle commençait par les nouvelles étrangères, qui en occupaient la plus grande partie, et finissait par celles de la cour de France. Renaudot avait adopté cette marche, presque constamment suivie depuis, pour se conformer, dit-il, à l'ordre du temps et à la suite des dates, sauf à ceux qui voudraient suivre celui de la dignité à commencer leur lecture par la fin, à la mode des Hébreux.

Tous les mois il publiait, sous le titre de *Relations des nouvelles du monde reçues dans tout le mois,* un numéro supplémentaire qui complétait et résumait les nouvelles du mois. C'est dans ce numéro supplémentaire que, pendant les premières années, il répondait aux attaques de ses détracteurs. En tout autre temps il se tient complètement effacé derrière son œuvre. La feuille commence par ce

simple mot, placé tout à fait en haut de la page :
GAZETTE (1), et finit par l'adresse que j'ai déjà
donnée : *Du Bureau d'adresse, au Grand-Coq*.....
Pendant cent ans on chercherait vainement dans
ces feuilles un mot sur le journal et ses alen-
tours (2).

En 1634 ce supplément régulier fut remplacé
par des *Extraordinaires,* qui paraissaient suivant
les circonstances, et qui étaient généralement
consacrés à la publication des documents officiels
et au récit des évènements marquants. La *Gazette* ne contenait guère que ce que nous appelons des faits divers, des nouvelles générales ; les
Extraordinaires sont des récits détaillés, de véritables pages historiques, d'une importance réelle.
Ils portent un numéro d'ordre qui indique leur
rang dans le recueil des Gazettes de l'année.

Outre ces Extraordinaires, Renaudot publiait
encore des suppléments, qui n'avaient pas de titre
général, mais un titre emprunté de leur contenu,
et qui prenaient également rang à leur ordre
dans le recueil des Gazettes.

On voit quelle importance la *Gazette*, avec
toutes ces annexes, avait acquise dans les mains

---

(1) La lettre initiale, le G, gravé tout exprès, est fort curieux. A l'intérieur, en bas, une sphère terrestre ; en haut
la Petite Ourse, et entre les deux une boussole, dont l'ai-
guille indique la polaire. Autour du G cette devise qui l'en-
serre : « Guidé du ciel, j'adresse (je guide) et par mer et
par terre. »

(2) Et on lit dans la plus récente et la plus considérable
des encyclopédies modernes cette cocasserie, entre plusieurs
autres, que je n'ai vraiment pas le courage de relever. :
« La *Gazette* avait, comme de raison, une *quatrième page,*
car Renaudot ne pouvait manquer d'inventer la *réclame,* et
la dernière page de son journal contenait une liste des mé-
dicaments qu'on pouvait trouver chez lui, et les louanges de
l'antimoine... »!!

de Renaudot. Non seulement elle est pleine d'excellents matériaux pour l'histoire du règne de Louis XIII et de la minorité de Louis XIV, et restera, à ce point de vue, un des monuments historiques les plus considérables, mais encore ses premières années abondent en faits curieux relatifs aux sciences, aux arts et à la littérature, et d'autant plus précieux que les organes spéciaux faisaient, à cette époque, absolument défaut.

Et ce n'est pas tout. En dehors de la *Gazette*, et en vertu de son privilège, très étendu, Renaudot publiait des relations, dans tous les formats, des évènements qui lui semblaient de nature à intéresser le public, mais qui n'entraient point dans le cadre de son journal.

Disons enfin que du Bureau d'adresse sont encore sortis de nombreux factums destinés à repousser les attaques des gazetiers et des pamphlétaires étrangers. C'est cette voie que prenait Renaudot toutes les fois que lui ou les inspirateurs de la *Gazette* jugeaient à propos de répondre, et que la réponse ne pouvait trouver place dans la *Gazette* elle-même, dont le cadre se prêtait peu à la polémique. Renaudot, d'ailleurs, avait la riposte vive, et ne refusait jamais la lutte, sur aucun terrain; ainsi le vit-on répondre par un poème latin à une attaque qui avait pris cette forme. On lit dans un de ces factums, de 1648, ce passage plein de révélations curieuses :

Étudiez donc mieux une autre fois vos injures, si vous désirez qu'on les croie; et, pour vous donner un meilleur avis que les vôtres, si vous voulez persuader à un chacun que le gazetier de Cologne puisse corriger celui qui fait les gazettes de Paris, qu'il commence à en faire de meilleures que lui, et qu'il le fasse croire au peuple, juge qui ne flatte point, et à qui vous vous

devez prendre de ce que celles que vous envoyez sont
de si mauvais débit, qu'il y a peu de personnes qui en
veuillent pour le port, et moins pour leur prix, quelque petit qu'il soit, et moindre que le parisis des nôtres : de sorte que, si vous prétendez avoir des lecteurs, vous serez contraint de les distribuer aux passants, comme on fait ici les affiches de charlatans sur
le Pont-Neuf; tandis que celles de Paris manquent
plutôt que les curieux pour les arracher des mains des
colporteurs, encore toutes moites de l'impression, que
les courriers attendent, retardant souvent leur parte-
ment, pour les emporter par tout le monde, où elles
ont le bonheur d'être lues avidement, mes imprimeurs
et commis savent mieux que moi avec quelle satisfaction, par le débit qu'ils en font, qui en est la plus
certaine marque.

On voit par là, entre autres choses, que la *Gazette* était dès l'origine vendue dans les rues, et
cela est confirmé par divers documents. Dans une
estampe allégorique datant de ses premières années, on voit, entre autres personnages, le *Crieur
de la Gazette*, portant suspendu devant lui un panier rempli de numéros. Et on lit dans nos anciens lexiques qu'elle était « vendue et publiée par
la ville de Paris », par des colporteurs qu'on appelait gazetiers, comme les écrivains de la *Gazette* eux-mêmes; qu'on la lisait dans certaines
boutiques; que de pauvres femmes allaient l'a-
cheter à la grande poste, et la distribuaient, par
mois, aux personnes qui la voulaient lire, pour
30 sols. Il est supposable que l'administration
des postes, que l'on voit ainsi intéressée, à je ne
sais quel titre, à la vente dans Paris, était chargée du transport et de la distribution en province.
    Le prix du numéro était donc d'un sou pa-
risis, environ six centimes, représentant une valeur actuelle de près du triple.

Quant au mode et au prix de l'abonnement dans les premiers temps, je n'ai pu trouver là-dessus rien de précis. D'un mémoire d'un des successeurs de Renaudot il résulte qu'en 1750 il était de 18 francs par an. Elle avait alors porté son format à douze pages; mais, pour faire participer tous les sujets du roi aux nouvelles qui pouvaient les intéresser, on la faisait réimprimer en petits caractères sur une demi-feuille, et on l'envoyait dans toutes les provinces à 7 livres 10 sols par an, franche de port. En 1762, le prix de l'abonnement fut réduit à 12 livres pour tout le royaume, tandis que le prix du numéro était porté à 3 sols, 2 sols 6 deniers pour les colporteurs. Elle modifiait en même temps son format et sa périodicité : à partir du 1er janvier 1762, elle parut deux fois par semaine, le lundi et le vendredi, en quatre pages, petit texte, à deux colonnes; cependant, sur la demande de quelques souscripteurs, on continua à en faire pendant plusieurs années, jusqu'en 1778, une édition à grandes lignes, en gros caractères, qui se vendait le double.

La *Gazette* entrait alors dans une nouvelle phase, qui explique ce « renouvellement » : d'organe officieux du gouvernement qu'elle avait été jusque-là, elle en devenait ouvertement l'organe officiel; elle ornait son front des armes royales, et prenait le titre de *Gazette de France*. Louis XV, en effet, par lettres patentes du mois d'août précédent, avait ordonné sa réunion au département des affaires étrangères, jugeant que par là « elle deviendrait plus intéressante, qu'elle acquerrait plus de certitude et d'authenticité ». Cette transformation, bien faite assurément pour donner plus de relief à la vieille *Gazette*, et lui

ôter son « air de vétusté », aurait eu encore un
autre but, si nous en croyons les *Mémoires secrets :*
on aurait voulu faire tomber les gazettes étrangères ; « malheureusement le gros du public, alors
déjà, se laissait plus imposer par le ton républicain que par la véracité du rédacteur. »

Quoi qu'il en soit, le nouveau format adopté
par la *Gazette* semble mieux se prêter aux petites
nouvelles ; aussi quelques faits divers commencent-
ils à se glisser à la fin du journal, et même, en y
regardant de près, on peut découvrir, entre une
mort et un mariage, l'annonce d'une carte géo-
graphique ou de quelque livre nouveau. Peu à
peu les annonces prennent de l'extension ; l'on en
fait un paquet — c'est bien le mot, — que l'on
place au bas du journal, sous filet ; elles se suivent toutes sans aucun signe de distinction, et
sans autre séparation qu'un petit trait entre les
trois seules rubriques qui soient encore admises :
Livres, Gravures, Musique. — Elle enregistra le
cours des effets publics à partir de 1765.

Le 1er mai 1792, la *Gazette* rentra dans le droit
commun. Ce jour-là finit ce que j'appellerai son
premier âge. Nous ne la suivrons pas plus loin.
Ajoutons seulement qu'elle devint quotidienne à
partir de ce même jour, et qu'elle n'a pris le format in-folio qu'en 1805.

LE JOURNAL INDUSTRIEL

Bureau d'adresse. — Petites-Affiches.

Après le journal politique, est venu — chez
nous — le journal industriel, et c'est encore à

Renaudot qu'en remonte l'origine; notre première feuille d'annonces est sortie, comme la *Gazette*, du Bureau d'adresse, et elle suivit de très près cette « mère Gigogne des journaux ».

Nous savons déjà sommairement ce qu'était cet établissement; une pièce très curieuse, que j'ai découverte depuis mes dernières publications, nous l'apprendra mieux encore. C'est une *Instruction pour se servir des commoditez du Bureau d'adresse*, datée de 1634. On y lit « que le Bureau existait depuis cinq ans: qu'on payait 3 sols pour chaque enregistrement des matières ci-après déduites..., et autant pour chacun extrait du registre, dont le secret était étroitement observé. — On y proposait les questions à résoudre, les querelles à accorder et réconciliations à faire, lorsque aucune des parties ne voulait paraître les rechercher. — On apprenait aussi céans les conditions sous lesquelles on pouvait accomplir les vœux de religion, tant d'hommes que de filles, et notamment les moindres prix auxquels on pouvait entrer en chacune d'icelles. — Et généralement s'y trouvait l'adresse de toutes les choses qui peuvent tomber dans le commerce et société des hommes... En résumé, il tenait aussi peu à Renaudot et à ses commis que tous les desseins des particuliers ne se rencontrassent qu'il fait au but et au blanc si les arquebusiers n'y donnent. Une remarque à faire, c'est que « la corruption du siècle, le soupçon et la médisance », avaient déterminé Renaudot à interdire l'entrée de ses bureaux aux « dames et damoiselles vertueuses ».

Cependant Renaudot avait bien vite compris que, pour servir plus utilement les intérêts de ses clients, il devait porter directement à la connaissance du public, à domicile, leurs demandes et leurs offres. Il publia donc de bonne heure une feuille qui n'était en grande partie que la reproduction des registres de son Bureau d'adresse, auquel elle servait d'organe. Je ne saurais préciser le commencement de cette publication ; je n'en connais que deux numéros, les numéros 15 et 17 : le premier porte la date du 1er septembre 1633 ; l'autre celle du 21 ; ce qui pourrait faire supposer qu'elle paraissait tous les dix jours. On n'y trouve aucune indication du prix. Quant au fond, c'était absolument nos Petites-Affiches. Voïci, d'ailleurs, quelles en étaient les principales rubriques : Terres seigneuriales à vendre. — Maisons et héritages aux champs en roture à vendre. — Maisons à Paris à vendre. — Maisons à Paris à donner à loyer. — Rentes à vendre. — Bénéfices à permuter. — Offices à vendre. — Meubles à vendre, comme : « un habit neuf de drap du sceau écarlate, qui n'est pas encore achevé, doublé de satin de même couleur, avec un galon d'argent. Le prix de 18 écus. » — « Un lit à pentes de serge à deux anvers, vert-brun, avec des bandes de tapisserie et la couverture traînante. Le prix de 60 livres. » — Enfin des Affaires meslées, comme : « On donnera l'invention de nourrir quantité de volailles à peu de frais. » — « On demande un homme qui sache mettre du corail en œuvre. » — « On demande à constitution de rente la somme de huit cents livres, sur bonnes assurances. » — « On veut vendre un atlas de Henricus Hondius. Le prix de 48 livres. » — « On demande compagnie pour aller en Italie dans quinze jours. » Etc.

Nous n'avons pas besoin de faire ressortir l'importance qu'aurait eue pour notre histoire morale un pareil recueil, s'il se fût continué et qu'il fût parvenu jusqu'à nous. Mais les héritiers de Renaudot négligèrent vraisemblablement cette partie industrielle de l'héritage de leur père.

Nous voyons, en effet, en 1751, les propriétaires de la *Gazette* revendiquer les affiches comme une émanation de leur privilége, exiger la suppression d'une feuille de ce genre, et entreprendre eux-mêmes la publication simultanée de deux feuilles, portant l'une et l'autre le même titre : *Annonces, Affiches et Avis divers*, mais de format : l'une in-8°, pour Paris; l'autre in- 4°, destinée à la province; ce qui les fit désigner vulgairement sous les noms d'*Affiche de Paris* et d'*Affiche de province*. Mais aux matières industrielles ces deux feuilles ajoutèrent un élément nouveau, l'élément littéraire, qui tient dans l'une et dans l'autre une large place, surtout dans la dernière, où les annonces ne forment qu'un accessoire presque insignifiant. La partie littéraire de l'*Affiche de Paris*, qui est demeurée plus connue sous le nom de *Petites-Affiches*, avait été confiée à l'abbé Aubert, dont les articles pleins de malice, de goût et d'érudition, firent pendant trente ans la fortune d'une publication qui, par son titre, semblait si étrangère aux lettres.

Parmi les autres rédacteurs de ce recueil, je me bornerai à nommer Ducray-Duminil, qui publia lui-même, de l'an VIII à 1811, des *Petites Affiches de Paris,* ou Journal général d'annonces, d'indications et de correspondance, commercial, politique et littéraire; ajoutons : et quotidien. Le spirituel écrivain, beaucoup plus connu comme romancier, « avait pris des moyens pour rendre ce journal aussi utile qu'agréable »; et il y avait assez bien réussi, à en juger par la longue carrière qu'il fournit, et qui même ne fut interrompue que par la force majeure.

En effet, un décret impérial du 18 août 1811 ordonna la réunion des diverses feuilles d'annonces, dont l'abolition du monopole avait nécessairement accru le nombre, et créa les *Petites Affiches* actuelles, qui furent désignées comme le seul journal où devaient être insérées les annonces judiciaires et toute espèce d'affiches et annonces, et dont la publication commença, non pas précisément en 1612, comme elles s'en targuent un peu bien audacieusement, mais le 1er octobre 1811.

Ajoutons que, la Révolution venue, la plupart des journaux avaient ouvert leur porte aux annonces ; c'est d'ailleurs un chapitre sur lequel nous reviendrons.

———

LE PETIT JOURNAL

Gazettes en vers. — Feuilleton-Roman.
Le *Mercure galant*.

L'origine de ce qu'on a appelé la petite presse, les petits journaux, est presque aussi ancienne que celle du journal lui-même ; c'est au milieu des troubles de la Fronde qu'on trouve le berceau de ce genre éminemment français. On sait quel nombre prodigieux d'écrits polémiques enfanta cette époque d'effervescence. Et, chose étrange, tout alors en France s'écrivait en vers, les controverses comme les récits. Cet usage, nous dirions presque cet abus de la poésie, est un des caractères extérieurs de la Fronde, et à son tour la poésie de la Fronde a un caractère propre : elle est burlesque. C'était, nous l'avons déjà dit, le

genre à la mode depuis le *Typhon* de Scarron, publié vers 1640.

Dans la multitude de ces pamphlets, satires,
libelles, — plus de quatre mille, — qui sont demeurés connus sous le nom de *Mazarinades*,
quelques-uns, comme nous l'avons vu, affectèrent
les allures du journal, mais ces feuilles n'eurent
qu'une existence éphémère et une très médiocre
importance. Il en faut cependant excepter les gazettes en vers, qui forment dans l'histoire de la
presse périodique un épisode digne de remarque,
car c'est là l'origine de ces *Chroniques*, de ces
Courriers dont les journaux ont, depuis, tant usé
et abusé.

Le créateur du genre fut un pauvre diable de
Normand, Jean Loret, qui, né de parents peu aisés,
n'avait reçu d'autre éducation que celle que l'on
donnait alors dans les écoles de village. Venu à
Paris pour y chercher fortune, il s'y était bientôt
fait remarquer par son esprit naturel, et ses premiers essais poétiques lui avaient valu la protection de quelques grands seigneurs, qui l'avaient
recommandé à Mazarin.

Il avait débuté par un volume de *Poésies natu-
relles,* composé de petites pièces adressées, la
plupart, à des personnages connus ou à des
amis. Puis, « comme il se plaisait naturellement
à la poésie, il se mit à écrire en vers ce qui se
passait chaque semaine, et il le faisait assez heureusement pour divertir ceux à qui cela pouvait
être communiqué. Ce n'était toutefois que pour
plaire à une grande princesse, et à un petit
nombre de personnes de sa confidence qui méri-
taient que l'on eût soin de leur agréer ; tellement
qu'il ne se faisait qu'une copie de son ouvrage,
qui était lue devant ceux qui la voulaient écouter,

ou qui passait en diverses mains. La curiosité de quelques gens fut cause que l'on en fit plusieurs autres copies manuscrites ; mais, pour ce qu'il n'y avait pas moyen d'en fournir à tous ceux qui en souhaitaient, et qui étaient des gens de considération, et même parce qu'en les transcrivant les copistes y ajoutaient toujours faute sur faute, il sembla plus à propos de les commettre à l'impression, qui est une invention excellente pour produire en même temps plusieurs exemplaires d'une seule pièce. »

Cette grande princesse pour laquelle écrivait Loret était Mlle de Longueville, depuis duchesse de Nemours, dont il s'était fait le nouvelliste et qui escomptait généreusement ses rimes.

Mais les Lettres de Loret étaient trop du goût de cette époque remuante et frondeuse pour qu'elles restassent longtemps le privilège du cercle un peu circonscrit de Mlle de Longueville. Cette princesse, d'ailleurs, ne pouvait qu'être flattée du succès de son poète, et il était naturel qu'elle s'intéressât à la propagation de ces gazettes qui, selon l'expression d'un bel esprit du temps, de Colletet, volant plus loin que les ailes de la Renommée, allaient, chaque semaine, porter ses louanges jusqu'aux extrémités de l'Europe. Elles avaient donc bientôt couru toutes les ruelles. « Les princes et les princesses, les grands seigneurs et les dames de la cour, les hommes même de longue robe et de profession sérieuse et studieuse, quittaient leurs autres emplois pour quelques moments, afin de se récréer aux caquets du poète gazetier. Elles avaient même été assez heureuses pour obtenir l'approbation du plus grand roi et de la plus grande reine du monde, Leurs Majestés s'en étant assez souvent diverties. »

Loret est naturellement fier d'un pareil honneur. Mes vers, dit-il :

> Mes vers ne sonnent point trop mal
> Dans le domicile royal ;
> Le Roi, la Reine et l'Eminence
> Leur donnent parfois audience ;
> Monsieur, qui leur fait bon accueil,
> En veut même faire un recueil.....

Toutes ces Lettres sont jetées dans le même moule. En tête de chacune se lit, en guise de titre, une épithète qui a un rapport quelconque avec le contenu de la lettre, qui affecte, en un mot, la prétention de la caractériser, comme *Mélancolique*, *Goguenarde*, etc. La lettre commence par un préambule plus ou moins long, selon les circonstances, mais varié avec un artifice qui excitait l'étonnement des contemporains ; c'est dans ces préfaces que notre rimeur parle plus particulièrement de sa bienfaitrice et de lui-même, qu'il expose ses besoins, qu'il adresse ses remercîments, qu'il parle de sa santé, de ses concurrents, qu'il converse enfin avec son public. Après le préambule viennent les nouvelles de la semaine, pour lesquelles Loret puisait à toutes les sources d'information. Pensionnaire de Mlle de Longueville et familier de l'hôtel du maréchal de Schomberg, il était parfaitement placé pour savoir ce qui se passait dans le grand monde ; sans compter qu'en sa qualité même de gazetier, il était de toutes les fêtes, adulé, recherché, à l'égal de certains chroniqueurs d'aujourd'hui, par les maîtres et maîtresses de maison, très fiers de voir louer leurs magnificences dans une gazette qui comptait tant et de si illustres lecteurs. Il n'était pas jusqu'aux fêtes de la cour auxquelles l'heureux poète ne fût convié ; et il faut le voir se rengorger au souvenir des honneurs qu'on lui a faits, en racontant

> ...Qu'un brave exempt de la Reine
> De le conduire a pris la peine,
> Et cria d'un ton haut et net :
> « Ouvrez tôt, c'est M. Loret » ;

et — chose à laquelle il était fort sensible — qu'on lui avait offert des rafraîchissements dans les entr'actes, comme aux personnes les plus qualifiées.

Sa chronique terminée, Loret la couronnait par un petit épilogue flatteur en l'honneur de sa princesse. Enfin vient la date, qui se trouve déjà en tête de la lettre, sous la forme ordinaire, et qu'il répète à la fin dans le style qui lui est propre :

> J'ai fait ces vers tout d'une haleine
> Le jour d'après la Madeleine.

> Ces vers sans ragoût et sans suc
> Ont été faits le jour Saint-Luc.

Dans le dernier numéro de chaque année, quand « l'an vers son penchant décline », il esquissait un état « de toute la ronde machine ». Il avait, du reste, bientôt fait son tour du monde : c'était l'affaire de vingt-cinq ou trente lignes. Il avait hâte de rentrer dans son Paris, d'aller « lorgner » les belles, qu'il aimait tant, et plus encore peut-être de reprendre sa partie interrompue ; car il avait malheureusement la passion du jeu, si commune alors. Le Destin, dit-il, l'avait fait trop libertin,

> Il aimait trop battoirs, raquettes,
> Cartes, quinolas, quinolettes,
> Prime, hoc, piquet, reversis.

Les Lettres de Loret n'avaient, dans l'origine,

d'autre titre que la suscription : « A Son Altesse Mademoiselle de Longueville ». On les appelait vulgairement la *Gazette burlesque,* « à cause qu'elles rapportaient ce qui se passait, et qu'elles le faisaient en style plaisant et agréable » ; quand on les réunit en volumes, ce fut sous le titre, qui est resté, de *Muse historique.*

Leur forme même mérite d'être remarquée. Elles sont in-folio à deux colonnes ; mais les lignes sont plus ou moins espacées, et le caractère plus ou moins fort, selon que la verve de Loret avait été plus ou moins féconde. L'imprimeur s'arrangeait toujours de manière à terminer au bas de la troisième page, afin de laisser la quatrième blanche. Il faut croire néanmoins qu'on les envoyait sous bande ou sous enveloppe, car, parmi les lettres originales, assez nombreuses, conservées à notre grande Bibliothèque, et qui ont encore pour la plupart la marque de leurs plis, on ne voit pas de nom tracé sur la quatrième page, si ce n'est sur une seule, qui porte cette suscription manuscrite : « Pour Monseigneur le Cardinal. »

Les Lettres de Loret ont une valeur historique considérable, sur laquelle je n'ai point à insister ici. Pour seize années de la vie du grand siècle — 1650 - 1665, — on trouve, outre la relation de tous les actes importants de la minorité et des premiers jours du règne de Louis XIV, le récit détaillé de ces mille petits faits divers qui préparent, qui expliquent les grands évènements : bruits de la cour et de la ville, entrées princières, fêtes publiques, festins royaux, représentations théâtrales, bals et ballets chez le roi ou les riches seigneurs de la cour, naissances, mariages et morts illustres, nouvelles littéraires, apparitions de livres nouveaux, sermons des prédicateurs en vogue, institutions

nouvelles et inventions utiles, curiosités de toute
nature, mystères de la ruelle, et parfois même secrets de l'alcôve, Loret tient note de tout, révèle
tout, décrit tout en vers abondants et faciles, spirituels et naïfs, burlesques mais pleins de bon sens,
libres mais non effrontés, empreints toujours d'un
profond respect pour la vérité. « Et ce qui est le
plus à louer, ajoute son éditeur, quoique les sujets
soient quelquefois assez facétieux d'eux-mêmes,
et semblent lui donner une certaine liberté de
parler, il s'est tellement réglé, que l'on n'y voit
point de paroles licencieuses ni de mots à deux-
entendre qui puissent offenser la pudeur des dames et des plus sévères esprits. » Ajoutons : la
pudeur des dames du XVIIe siècle, car, quelque
circonspect que dût être Loret dans un ouvrage
adressé à une femme, on ne laisse pas que de rencontrer de temps à autre des pièces légèrement
graveleuses ; mais alors

Le *français* dans les vers bravait l'honnêteté.

Nous en citerons une seule, qui donnera une
idée du genre de cette première des chroniques
et du goût de l'époque :

L'autre jour, une demoiselle,
Jeune, aimable, charmante et belle,
Non sans se faire un peu de mal,
En chassant tomba de cheval.
Et Zéphir, la prenant pour Flore,
Hormis qu'elle est plus fraîche encore,
Lui souleva, quand elle chut,
Chemise et cotillon. Mais chut !
Je suis si simple et si modeste
Que j'ai peine à dire le reste.
On ne vit qu'un beau cul pourtant
Admirablement éclatant,

Et dont la blancheur sans pareille
Des autres culs est la merveille,
Cul royal et des plus polis,
·Puisqu'il est tout semé de lis;
Cul qui, cette fois, sans obstacle,
Fit voir un prodige ou miracle :
Car c'est la pure vérité
Que, dans un des chauds jours d'été,
Quand il fit ce plaisant parterre,
On vit de la neige sur terre.
Plusieurs, se trouvant vis-à-vis,
De cet objet furent ravis,
Le nommant, en cette aventure,
Un chef-d'œuvre de la nature;
Et même un auteur incertain
Composa ce joli huitain :

Trésor caché, beauté jumelle,
Brillant séjour de l'embonpoint,
Ta splendeur a paru si belle,
Et mis ta gloire à si haut point,
Qu'il faut qu'incessamment l'on prône,
O cul qui les dieux charmerait,
Que, si tu n'es digne du trône,
Tu l'es au moins du tabouret.

Outre d'assez nombreux imitateurs, Loret — ce qui pourra paraître plus étrange — eut plusieurs continuateurs. L'un de ceux-ci, le sieur de Mayolas, poussa la *Muse historique* jusqu'à la fin de 1666; après quoi il entreprit, sous le titre de : *Lettres en vers et en prose, dédiées au Roi*, une publication nouvelle, qui offre une particularité très remarquable. Mayolas, « pour plaire aux goûts divers », eut l'idée « d'ajouter de la prose aux vers », et d'utiliser pour cela l'espace laissé libre par Loret. Il conserva donc pour ses *Lettres au roi* le format et la disposition de la *Muse historique*; seulement la quatrième page, au lieu d'être blanche, contient une partie en prose, un roman en lettres, qui se continue de numéro en numéro, et consti-

tue ainsi ce qu'on a appelé depuis le feuilleton-
roman, auquel on n'aurait probablement pas soupçonné une origine aussi ancienne. Chaque feuilleton
se compose d'une lettre de l'amant et de la réponse de l'amante, d'une étendue à peu près égale,
disposées en regard l'une de l'autre, et caractéri-
sées par un substantif ou une courte phrase placée
en tête, ainsi : *Offre de service. Rebut. — Persévé-
rance. Colère. — Présent. Fierté radoucie. — Propo-
sition de mariage. Réfutation. — Départ. Regret. —
Absence. Solitude. — Retour. Surprise*, etc., etc.
Ainsi embarqués sur l'esquif du sentiment, nos
amants naviguent pendant *plusieurs années* sur le
fleuve du Tendre, et cette longue pérégrination
est marquée par toutes les péripéties que compor-
tait alors un pareil voyage, jusqu'à ce qu'enfin
ils arrivent au port heureux de l'Union.

Cette nouveauté, si remarquable pourtant, ne
rencontra point d'imitateurs, et il nous faut descendre jusqu'au commencement du xixᵉ siècle
pour trouver l'origine du véritable feuilleton.

Mais, en mariant la prose aux vers, Mayolas
avait indiqué une nouvelle voie, dans laquelle le
prototype des petits journaux, le *Mercure galant*
allait trouver la fortune.

Le *Mercure galant*.

On fait généralement, ou plutôt on affecte de
faire peu de cas du *Mercure ;* il est certain cependant qu'il vaut mieux que sa réputation, et il serait difficile de méconnaître le grand rôle qu'a
joué dans l'histoire littéraire du xviiiᵉ siècle ce
recueil fameux, qui a eu le singulier privilège
d'intéresser pendant un siècle et demi une so-

ciété qui n'était pas précisément sotte, qui a compté parmi ses rédacteurs les plus grands noms de la science et des lettres, qui, enfin, a pu, sur ses bénéfices annuels, servir jusqu'à 30,000 livres de pensions aux gens de lettres.

Le *Mercure* fut fondé par Donneau de Visé, un auteur dramatique déjà connu par plusieurs succès. Il était originairement rédigé sous la forme d'une lettre, dans laquelle venaient s'enchâsser, d'une manière souvent ingénieuse, les faits, les récits, les historiettes, les poésies, en un mot toutes les matières qui sont le butin des chroniques, courriers, feuilletons de théâtre et revues d'aujourd'hui. Nouvelles politiques et littéraires, promotions et nominations, mariages, baptêmes et morts, spectacles, histoires galantes, réceptions aux académies, plaidoyers, sermons, arrêts, dissertations quelquefois savantes et quelquefois enjouées, petites pièces de poésie, chansons avec musique, énigmes illustrées et autres de ces « jeux d'esprit » si fort en vogue aujourd'hui, tout y entrait, tout y trouvait sa place.

On voit, sans qu'il soit besoin d'insister, quel grand pas de Visé avait fait faire au journal. La combinaison de ces divers éléments, le seul fait de l'alliance de la littérature et de la politique, opérée par le *Mercure*, constituait pour l'époque, et dans les circonstances où elle se produisit, un véritable progrès. De Visé voulut faire un journal qui parlât de tout, qui fût ouvert à tous et convînt à tous ; il pensait que le succès était à ces conditions, et ses calculs ne furent point trompés : la vogue du *Mercure* fut rapide, grande, persistante.

Ce n'est pas que les détracteurs l'aient épargné, au contraire. De la foule de traits dont on l'accabla, je ne veux citer que cette épigramme de haut goût :

Le sot livre qu'on voit dans les mains du bourgeois,
Revenant à toutes les lunes !
Seroit-ce pas l'égout du Parnasse françois ?
Non ; mais c'est que, selon les lois
Au sexe féminin communes,
La Muse françoise a ses mois.
Ah fi ! direz-vous, quelle ordure !
De Visé cependant en fait sa nourriture,
Et Corneille en lèche ses doigts.

Il s'agit ici de Thomas Corneille, que de Visé avait attaché à la rédaction de son journal, après avoir fait quelques comédies avec lui.

Je ne voudrais cependant pas avoir l'air de cacher l'arrêt que La Bruyère fulmina contre ce pauvre *Mercure*, le pavé sous lequel il crut l'écraser : « Le *M*** G****, dit le grand moraliste, est immédiatement au-dessous du rien. Il y a bien d'autres ouvrages qui lui ressemblent. Il y a autant d'invention à s'enrichir par un sot livre qu'il y a de sottise à l'acheter. C'est ignorer le goût du peuple que de ne pas hasarder quelquefois de grandes fadaises. » C'était vraiment le prendre par trop haut avec un petit recueil qui n'avait d'autre prétention que d'amuser, et qui y réussit complètement, à la grande satisfaction de l'auteur,

A qui, de compte fait, le débit de ses livres,
Rapportait tous les ans plus de dix mille livres ;

et à celle non moins grande du public :

Sitôt qu'un mois commence, on m'apporte un *Mercure*.
C'est mon plaisir d'élite et ma chère lecture,
Et, depuis qu'il paraît, ce qui m'en a déplu,
C'est qu'il est trop petit et qu'on l'a trop tôt lu.

Ainsi parle un personnage d'une comédie de

Boursault dont le *Mercure* fait le sujet, mais écrite,
dit l'auteur, « non dans le dessein de donner at-
teinte à un livre que son débit justifiait assez, mais
seulement de satiriser un nombre de gens de différents caractères qui prétendaient être en droit
d'occuper dans le *Mercure galant* la place qu'y
auraient pu légitimement tenir des personnes
d'un véritable mérite ». J'aurais beaucoup à citer
de cette comédie, qui abonde en traits, en ta-
bleaux intéressants à la fois pour l'histoire du journalisme et pour celle des mœurs du temps. L'espace me faisant défaut, je me rabattrai sur le
trait final, dirigé contre les énigmes, « qui d'ordinaire cachent des sottises sous de pompeuses
paroles ». Au dernier acte survient M. Beaugénie,
qui propose à la compagnie une énigme, mais une
énigme si belle :

> Qu'elle fera du bruit dans plus d'une ruelle...
> L'énigme qui jadis causa tant de vacarme,
> Fit verser tant de sang, ouvrit tant de tombeaux,
> Et fut cause qu'Œdipe eut la douleur amère
> De faire des enfants à madame sa mère,
> Cette énigme, en un mot, qui fit tant de fracas,
> A celle que j'ai faite aurait cédé le pas.

Or voici, pour les lecteurs qui ne la connaîtraient
pas déjà, la fameuse énigme proposée par
M. Beaugénie :

> Je suis un invisible corps
> Qui de bas lieu tire son être,
> Et je n'ose faire connaître
> Ni qui je suis, ni d'où je sors.
> Quand on m'ôte la liberté,
> Pour m'échapper j'use d'adresse,
> Et devient femelle traîtresse,
> De mâle que j'aurais été.

Ses auditeurs ayant donné leur... nez aux chiens,

M. Beaugénie leur fait de la chose une galante explication, que nous nous dispenserons de repro-
duire, pour des raisons faciles à sentir.

De Visé continua son œuvre jusqu'à sa mort,
arrivée en 1710, c'est-à-dire pendant près de quarante ans, et avec un succès toujours croissant.
Nommé historiographe du roi, il avait obtenu une
pension de cinq cents écus, — sans compter le ca-
suel, — et un logement au Louvre ; et, si désintéressé
qu'il fût, on peut supposer que, dispensant comme
il le faisait la célébrité, il dut recevoir d'autres
libéralités que celles de la cour. Votre plume, lui
dit un solliciteur, dans la comédie de Boursault :

> Votre plume aujourd'hui, par son invention,
> Met ce que bon lui semble en réputation ;
> Pour être, dans le monde, illustre à juste titre,
> Il faut dans le *Mercure* occuper un chapitre.

Or, ces chapitres élogieux, pour lesquels on ob-
sédait de Visé, devaient nécessairement grossir,
sous une forme ou sous une autre, le chapitre des
bénéfices.

Pendant les premières années, de Visé avait ap-
porté, je ne sais par quel empêchement, peu de
régularité dans sa publication ; mais à partir de
1678 le *Mercure* parut régulièrement tous les mois,
en un volume petit in-12 de trois à quatre cents
pages, dont le prix était de 3 livres. Quelquefois
même, pour peu que l'abondance des matières
l'exigeât, les volumes se suivaient à un intervalle
plus rapproché, ce que l'on comprendra aisément
quand on saura que le *Mercure* se vendait au volume.

> • Quel mérite plus grand s'est jamais rencontré !
> Avant que vous fussiez, quelles rapides plumes
> Enfantaient tous les ans jusqu'à seize volumes !
> Au moindre évènement qui fait un peu de bruit,
> Votre fécondité va jusques à dix-huit.

De Visé publiait, en outre, trois ou quatre fois par an, des suppléments plus spécialement consacrés aux matières politiques ou au récit d'évènements importants, à l'instar des Extraordinaires de la *Gazette*. Pour cette partie, comme pour les autres, d'ailleurs, il faisait appel à tous ceux qui pourraient et voudraient lui adresser des mémoires, et, pour recevoir les communications verbales, il restait chez lui trois jours par semaine.

On ne peut nier, en somme, qu'il n'y eût dans de Visé l'étoffe d'un journaliste, et le *Mercure*, au point où il l'avait amené, pouvait bien certes compter pour un journal. Il faut dire qu'il avait pris peu à peu des allures plus sérieuses ; il avait notamment abandonné le style épistolaire, « qui répandait trop d'uniformité dans le journal, qui exigeait des transitions souvent absurdes, presque toujours forcées, et amenaient infailliblement toutes les phrases fastidieuses que le compliment traîne à sa suite ».

En 1721, le privilége en était donné collectivement à un triumvirat littéraire, par cette raison « qu'il n'était pas de ces livres qui ne doivent absolument être rédigés que par la même plume, qu'il pouvait rassembler autant d'écrivains qu'il rassemblait de matières » ; et trois ans après il était autorisé à prendre le titre de *Mercure de France*.

De ce moment le *Mercure* entra dans une phase nouvelle, et prit un essor et une extension littéraire qu'il n'avait jamais eus. La direction en devint un gros privilège et une excellente affaire, qui rapportait jusqu'à 25,000 livres de rentes à l'heureux privilégié ; si bien que le gouvernement, qui avait alors, en fait de propriété littéraire, des idées assez étranges, crut devoir s'en emparer,

non pas à son profit cependant, mais dans l'intérêt des gens de lettres. Le directeur du *Mercure*,
dont il se réservait la nomination, ne fut plus,
en quelque sorte, qu'un fonctionnaire littéraire,
ayant un traitement fixe, et rendant compte à
l'État des bénéfices de la publication. « Le *Mercure de France*, disait Grimm à ce sujet, est aujourd'hui une entreprise typographique dont le
produit appartient au département du ministre de
Paris. La majeure partie est affectée à des pensions; le reste est distribué annuellement en gra-
tifications aux jeunes littérateurs qui ont travaillé
à ce journal. » C'est, paraît-il, à Mme de Pom-
padour que reviendrait l'honneur de cette heureuse idée. En 1762, le *Mercure* servait 28,000 fr.
de pensions, quand un avocat-libraire, du nom de
Lacombe, offrit de porter cette somme à 35,000 fr.,
à la seule condition qu'il serait maître de confier
la rédaction à qui bon lui semblerait. Enfin il atteignit l'apogée de la fortune sous la direction de
Charles-Joseph Panckoucke, le fondateur de la
célèbre maison de ce nom. En homme intelligent,
Panckoucke avait jeté son dévolu sur les journaux,
qu'il considérait comme d'utiles instruments à la
fois et de bonnes opérations, et il s'était rendu
propriétaire d'un certain nombre. Il les réunit au
Mercure, dont il fit un vrai journal universel, et
qu'il divisa en deux parties distinctes : une partie
purement littéraire, sous le titre de *Mercure de
France*, et une partie politique, sous le titre de
Mercure historique et politique. Cette dernière partie, à mesure que les évènements grandissaient,
avait pris de l'extension et acquis une importance
réelle sous la plume de Dubois-Fontanelle, qui en
avait été chargé en 1778, et une plus grande
encore sous celle de Mallet du Pan, qui lui succéda

en 1784, et fit du *Mercure,* — devenu *Mercure français* (1), — dans les premières années de la Révolution, un des principaux organes du parti constitutionnel.

LE JOURNAL LITTÉRAIRE ET SCIENTIFIQUE

Journal des Savants.

Il nous faut revenir quelque peu sur nos pas pour marquer l'origine de la presse littéraire, origine, du reste, assez tardive. Ce ne fut, en effet, que plus d'un demi-siècle après l'invention du journal que l'idée vint de faire l'application de ce merveilleux instrument de publicité au domaine des lettres et des sciences, ou plutôt que cette idée prit un corps, car il paraît impossible que la pensée de faire pour les évènements de la république des lettres ce que faisaient les gazettes pour les évènements publics, n'ait pas, durant tout ce temps, traversé plus d'un esprit. On s'en étonnerait d'autant plus que cette voie-là encore avait été indiquée par Renaudot.

(1) Je dois, à cette occasion, relever une erreur que je vois sans cesse reproduite. Il a été publié dans les premières années du XVIIᵉ siècle un *Mercure françois,* que l'on donne presque toujours pour père au *Mercure galant* — quand on ne le donne pas pour le premier de nos journaux, comme le faisait tout récemment encore un document officiel qui a eu quelque retentissement, — mais qui n'a absolument rien de commun, aucune espèce d'analogie, avec le recueil de de Visé. C'est tout simplement une compilation historique, dont les 25 volumes ont été publiés de 1611 à 1648, mais qui remonte, dans son récit, à l'année 1605, ainsi, du reste, que l'indique son titre : « *Mercure françois,* ou la Suite de l'histoire de la paix, commençant en 1605, pour suite du *Septennaire* de Cayet... »

Nous savons, en effet, qu'il se tenait au Bureau d'adresse « une académie ouverte à tous les bons esprits, qui y venaient conférer en public de toutes les plus belles matières de physique, de morale, mathématiques et autres disciplines, et laquelle était une des plus belles et des plus utiles institutions qu'ait faites Renaudot, du jugement même de plusieurs de ses ennemis ». Le programme de chaque conférence était donné à l'avance dans la Feuille du Bureau d'adresse, et le compte-rendu en était publié sous le titre de : *Première ... Deuxième. ... Centurie des questions traitées és conférences du Bureau d'adresse.* Le recueil qui nous en est parvenu contient trois cent trente-cinq conférences, du 22 août 1633 au 1er septembre 1642.

C'est bien là évidemment l'origine des Comptes-rendus, des recueils de Mémoires de nos sociétés savantes ; et peut-être trouvera-t-on avec moi qu'on n'a pas fait, de cette académie des sciences au petit pied, le cas qu'elle méritait.

Quoi qu'il en soit, c'est seulement de 1665 que date la presse littéraire et scientifique. Son premier organe fut notre *Journal des Savants,* qui, à l'honneur d'être « le père de tous les ouvrages de ce genre dont le monde est aujourd'hui rempli », joint celui non moins grand de s'être maintenu depuis lors à la première place. Cette création, qui nous paraît aujourd'hui si simple, mais qui eut dans son temps toute l'importance d'une découverte, est due à un conseiller au parlement de Paris nommé Denis de Sallo, homme d'un rare mérite et d'un grand savoir.

Voici en quels termes il présentait au public une entreprise qui était alors sans aucun précédent :

Le dessein de ce journal étant de faire savoir ce qui

se passe de nouveau dans la république des lettres, il sera composé d'un catalogue exact des principaux livres qui s'imprimeront dans l'Europe; et on ne se contentera pas de donner de simples titres, comme ont fait jusqu'à présent la plupart des bibliographes, mais, de plus, on dira de quoi ils traitent et à quoi ils peuvent être utiles.

Quand il viendra à mourir quelque personne célèbre par sa doctrine et par ses ouvrages, on en fera l'éloge, et on donnera un catalogue de ce qu'il aura mis au jour, avec les principales circonstances de sa vie.

On fera connaître les expériences de physique et de chimie qui peuvent expliquer les effets de la nature; les nouvelles découvertes qui se font dans les arts et dans les sciences, comme les machines et les inventions utiles ou curieuses que peuvent fournir les mathématiques; les observations du ciel, celles des météores, et ce que l'anatomie pourra trouver de nouveau dans les animaux.

On donnera les principales décisions des tribunaux séculiers et ecclésiastiques, les censures de Sorbonne et des autres Universités, tant de ce royaume que des autres pays étrangers.

On tâchera, en un mot, de faire en sorte qu'il ne se passe rien dans l'Europe, digne de la curiosité des gens de lettres, qu'on ne puisse apprendre par ce journal...

La périodicité à donner à son recueil avait dû, comme bien on le pense, préoccuper le fondateur du premier journal littéraire. « J'ai été longtemps, nous dit-il lui-même, en peine si je devais donner ce journal tous les ans, tous les mois ou toutes les semaines; mais enfin j'ai cru qu'il le fallait donner toutes les semaines, parce que les choses vieilliraient trop si l'on différait d'en parler pendant l'espace d'un an; outre que plusieurs personnes de qualité m'ont témoigné que le journal venant de temps en temps leur serait agréable et leur servirait de divertissement, et qu'au contraire elles seraient fatiguées de la lecture d'un volume entier de ces sortes de choses, qui auraient perdu la grâce de la nouveauté. » Le journal parut ainsi toutes les semaines pendant une soixantaine d'années; mais, en 1724, les rédacteurs, « reconnaissant qu'un journal hebdomadaire ne prévenait pas assez en sa faveur; que cette façon de paraître lui donnait un certain air de précipitation dont le public a toujours lieu de se défier, et le faisait ainsi trop ressembler à ces recueils de nouvelles vulgaires qui naissent toutes les semaines, et qui n'ont rien de commun avec ce que les savants estiment le plus », se décidèrent à ne le plus faire paraître que tous les mois, ce qui « leur donnerait le temps de le travailler davantage, et leur fournirait une étendue suffisante pour y placer sans contrainte un nombre considérable de différents articles ».

Sallo avait cru devoir garder l'anonyme, et il fit paraître son journal sous un nom supposé, soit dans la pensée qu'il serait ainsi plus à même de juger de l'impression que produirait cette nouveauté, soit dans la prévision des tempêtes qu'elle pourrait soulever, si pacifiques que fussent ses intentions. A nous en tenir, en effet, à son programme, rien ne semblera plus innocent que l'entreprise qu'il tentait; cependant, si l'on se reporte au temps et que l'on fasse abstraction du chemin parcouru depuis lors, on trouvera qu'elle ne laissait pas d'être délicate et jusqu'à un certain point périlleuse.

Et en effet le *genus irritabile vatum*, qui devait se montrer, dans cette circonstance, d'autant plus irritable, qu'on n'était pas accoutumé alors à la suprématie du journalisme, se révolta contre ce censeur d'un nouveau genre, qui se posait, de son autorité privée, en arbitre suprême des sciences, de la littérature et des arts, qui citait impérieusement à sa barre les écrivains, grands et petits, qui enfin venait donner une voix publique aux critiques sourdes et cachées et les révéler à l'Europe.

Mais tous les cris de l'amour-propre blessé n'auraient fait vraisemblablement que consolider le succès du nouveau journal, s'il ne se fût mis sur les bras un ennemi bien autrement redoutable. Les Jésuites n'avaient pu voir sans déplaisir s'élever un tribunal littéraire et philosophique qui ne relevait pas d'eux ; ils détestaient d'ailleurs Sallo et ses amis, en leur qualité de parlementaires et de gallicans suspects de jansénisme. Ils firent agir le nonce du pape, et celui-ci, à force d'insistance, finit par obtenir qu'il serait fait défense à Sallo de continuer sa publication, qui fut ainsi arrêtée après trois mois seulement d'existence, malgré la protection dont Colbert couvrait le journal et son auteur.

Cependant ce grand ministre comprenait trop ce qu'un ouvrage de cette nature répandait d'émulation, et combien il pouvait être utile au progrès des lettres, pour souffrir que le projet en fût à jamais abandonné. Au défaut de Sallo, qui refusa absolument de se soumettre « au syndicat auquel les puissances voulaient qu'il s'assujettît », dit Chapelain, il permit à un de ses collaborateurs, l'abbé Gallois, d'en reprendre la publication au commencement de 1666. A ce propos Camusat écrivait :

M. de Sallo ne pouvait assurément pas être mieux remplacé. La fonction de journaliste demande une étendue de connaissances qui se trouve rarement dans une même personne. Outre les langues savantes et la sienne propre, qu'il lui est nécessaire de posséder parfaitement, outre une légère teinture qu'il doit avoir des langues vivantes, s'il veut rendre compte des ouvrages qui s'impriment dans toute l'Europe, il a besoin d'être au fait des différentes matières dont il parle, et, selon les occasions, il faut qu'il se montre mathématicien, astronome, physicien, jurisconsulte, théologien; qu'il n'ignore rien de ce qui s'est passé dans l'antiquité la plus reculée, qu'il sache ce qui est arrivé dans les siècles postérieurs et moins éloignés.

Ce n'est encore là qu'une petite partie des qualités requises pour former un journaliste parfait; elles tournent même au préjudice du public, dont elles peuvent surprendre la confiance, si celui qui en est revêtu ne joint à une science si vaste des talents plus rares encore qu'une prodigieuse érudition, je veux dire : de la justesse dans l'esprit, de la clarté dans les idées, un style pur et correct, tout au moins vif, aisé, propre à attacher les lecteurs les plus indolents et à persuader les plus indociles. J'ajoute que, si un journaliste ne veut pas tomber à chaque instant dans des bévues ridicules, ou dans des inconvénients encore plus à craindre, il doit être consommé dans l'histoire littéraire, et surtout dans l'histoire littéraire de son siècle, science, dit Fontenelle, presque séparée des autres, quoiqu'elle en résulte, et produite par une curiosité vive, qui ne néglige aucune partie de son objet.

Mais c'est peu que toutes ces qualités de l'esprit se rencontrent dans un même homme, si elles n'y sont accompagnées de celles du cœur, c'est-à-dire d'une probité exacte, qui ne lui permette pas d'en imposer, et qui lui fasse rendre justice à ses ennemis particuliers, s'il a le malheur d'en avoir, et à ceux que de petites préventions de parti pourraient lui faire regarder sur ce pied-là.

Ce portrait du journaliste, qui date presque de l'origine du journal, m'a semblé mériter d'être conservé : il montre quelle haute opinion l'on se faisait alors du métier de critique, qui semble aujourd'hui si facile.

L'abbé Gallois dédia prudemment son journal au roi, et fit non moins prudemment précéder son premier numéro d'un petit avertissement des plus humbles, et tout à fait propre à désarmer les préventions. « Il y a quelques personnes, y lit-on, qui se sont plaintes de la trop grande liberté qu'on se donnait dans le journal de juger de toute sorte de livres. Et certainement il faut avouer que c'était entreprendre sur la liberté publique, et exercer une espèce de tyrannie dans l'empire des lettres, que de s'attribuer le droit de juger des ouvrages de tout le monde. Aussi est-on résolu de s'en abstenir à l'avenir, et, au lieu d'exercer sa critique, de s'attacher à bien lire les livres, pour en pouvoir rendre un compte plus exact qu'on n'a fait jusqu'à ce jour. » On voit combien la critique a marché depuis 1666.

Avec le XVIIIᵉ siècle commence pour le *Journal des savants* une ère toute nouvelle. Jusque-là il avait été sous la direction d'un seul écrivain; si quelques personnes avaient prêté leur collaboration aux premiers journalistes, ç'avait été à titre purement officieux, et sans aucun engagement de leur part. Mais on en était venu, après un essai de près de quarante ans, à comprendre que c'était un fardeau trop lourd pour un seul homme, et aussi que, pour rendre tous les services qu'on était en droit d'en attendre, un pareil recueil ne devait pas rester abandonné à ses seules ressources. A la fin de 1701, le chancelier de Pontchartrain en fit l'acquisition pour l'État, et nomma pour sa rédaction une commission de savants versés dans les différents genres de littérature. Les matières dont il devait s'occuper furent soigneusement classées, et un rédacteur particulier, avec un traitement fixe, fut assigné à chacune d'elles. Les membres de cette société se réunissaient une ou deux fois par semaine à la chancellerie, et il était rédigé des procès-verbaux de leurs conférences.

Le *Journal des savants* a conservé jusqu'ici ce caractère officiel, et son organisation actuelle ressemble fort à l'organisation d'une académie.

J'ai quelque peu insisté sur ces commencements de la presse littéraire, comme je l'avais fait pour la presse politique, parce qu'on ne se doute pas aujourd'hui de ce qu'il a fallu d'efforts pour frayer cette voie à présent si largement ouverte. Le journalisme avait trouvé là son véritable terrain, le seul où il pût alors marcher avec quelque liberté, avec quelque sécurité. Ce n'était pas, en effet, par la politique, mais par la littérature, que devait grandir le journal; avant d'être une puissance politique, il devait être une puissance littéraire; et si, dans cette phase de son existence, il n'a pas brillé d'un éclat aussi vif qu'il l'a fait depuis dans les mélées politiques, si ses luttes sur ce terrain, luttes dans lesquelles se dépensait l'ardeur des esprits au xviiiᵉ siècle, n'ont pas retenti aussi profondément dans la nation, le journal littéraire a néanmoins exercé sur la marche de la société une influence qu'il est impossible de méconnaître. Assez longtemps faible et timide, il avait fini par conquérir une grande liberté, et c'est là, bien plutôt que dans la presse politique, alors étroitement muselée, qu'il faut chercher, pendant le siècle dernier, le mouvement et la vie.

Aussi l'apparition du *Journal des savants* fut-elle accueillie avec un applaudissement universel. A peine né, il fut traduit, imité, contrefait, dans presque toutes les langues de l'Europe. Quelques semaines à peine après sa naissance, la Société royale de Londres commençait, sur le même plan, la publication des *Philosophical Transactions*, et le XVIIᵉ siècle n'était pas achevé que déjà Moretti et Miletti à Venise, Cinelli à Florence, Bacchi à Parme, Philippe della Torre à Modène, Menckenius et Tentzel à Leipsick, Bayle, Leclerc et Basnage en Hollande, sans parler d'autres écrivains moins heureux ou moins persévérants, fondaient le *Giornale de' litterati*, la *Bibliotheca volante*, les *Acta eruditorum*, les *Nouvelles de la république des lettres*, la *Bibliothèque universelle*, l'*Histoire des ouvrages des savants*, etc., etc. Et « l'émulation, dit Bayle, était allée s'augmentant de plus en plus, de sorte qu'elle s'était étendue non seulement d'une nation à une autre, mais aussi d'une science à une autre science : les physiciens et les chimistes avaient publié leurs relations particulières, la jurisprudence et la médecine avaient eu leur journal, les nouvelles galantes, diversifiées par celles de religion, de guerre et de politique, avaient eu leur mercure ».

A la suite des maîtres que nous venons de nommés, s'étaient, en effet, bientôt précipité le *servum pecus imitatorum;* ce fut, au milieu du XVIIIᵉ siècle, comme un débordement de publications prétendues littéraires, contre lequel les écrivains du temps ne cessent de s'élever.

———

UNIVERSALISATION DU JOURNAL

Cependant la presse était loin d'être libre alors. Les privilèges accordés à nos premiers journaux leur assuraient : à la *Gazette* le monopole de la presse politique et industrielle ; au *Journal des savants* celui de la presse littéraire et scientifique ; au *Mercure* celui de la petite presse, de la presse semi-littéraire, semi-politique.

Le domaine de la *Gazette* fut longtemps respecté : la politique alors, c'était l'arche sainte, à laquelle il était défendu de toucher sous peine de mort.

On pouvait sans inconvénient laisser un champ plus libre à la presse littéraire. Cependant les premiers qui voulurent marcher sur les pas du *Journal des savants* durent recourir aux presses étrangères. Mais on comprit bientôt que la rigueur sur ce point était au moins inutile ; on capitula, et, moyennant un tribut de 300 francs payé au suzerain des recueils littéraires, le premier venu à peu près obtint la permission d'avoir son petit journal. Assez souvent aussi on imposait, comme condition du privilège — toujours nécessaire, — un chiffre plus ou moins élevé de pensions à servir à diverses personnes, et principalement aux gens de lettres. Malgré tout, le mouvement, d'abord lent, s'était ensuite, comme nous venons de le dire, précipité jusqu'au débordement.

Le *Mercure,* sur le domaine duquel cette bande d'affamés empiétait beaucoup plus que sur celui du *Journal des savants*, poussa les hauts cris, fatiguant de ses plaintes et la ville et la cour, et les tribunaux et le conseil ; mais il eut beau dire et beau faire : la digue était rompue ; il lui fallut vivre côte à côte avec cette multitude d'intrus qui réclamaient leur place au soleil, et dont chacun, d'ailleurs, prétendait marcher dans une voie nouvelle, inexplorée, non, par conséquent, fermée par le privilège.

La concurrence, en effet, n'avait pas été longtemps à tourner l'obstacle que lui opposaient les trois privilèges dont nous venons de parler; le journal revêtit insensiblement des formes multiples comme les mille intérêts divers auxquels il s'adressait. L'instrument créé, on en avait bien vite apprécié l'importance, et on ne devait pas tarder à en étendre l'usage, à appliquer ce mode si merveilleux de propagation aux besoins de l'esprit et du corps, aux lettres, aux sciences, aux arts, à toutes les branches de l'administration, du commerce, de l'industrie.

Aux journaux littéraires que nous avons déjà mentionnés nous ajouterons :

Le *Nouvelliste du Parnasse*, et l'*Année littéraire* (1730-1790), par Desfontaines et Fréron, qui créèrent la critique polémique, la grande critique, et soutinrent contre l'école philosophique, avec une énergie qui n'eut d'égale que la violence de leurs adversaires, la lutte que chacun sait, lutte dont les annales littéraires n'offrent pas d'autre exemple. On peut dire que c'est de cette époque que date véritablement le journalisme.

La *Gazette littéraire de l'Europe*, imaginée par Arnaud et Suart, alors qu'ils dirigeaient ensemble la *Gazette de France*. L'ambition, paraît-il, était venue aux deux amis en montant dans les régions gouvernementales. A côté de la gazette politique officielle dont ils avaient la direction, ils voulurent avoir une gazette littéraire officielle : ils en trouvaient le germe et le droit dans le privilège de la *Gazette*. En un mot, ils ne visaient à rien moins qu'à faire tomber tous les journaux, à les absorber tous; ils ne faisaient grâce qu'au *Mercure* et au *Journal des savants*. Ce dernier recueil, peu sensible à la générosité de ces aimables accapareurs, s'opposa formellement à leurs projets, qui allaient, prétendait-il, contre son privilège. Il s'agissait pour lui, d'ailleurs, d'un intérêt assez grand. Comme père des journaux, il avait le droit de percevoir une rétribution de toutes les feuilles subalternes qui voulaient s'élever, et qui ne pouvaient paraître que sous ses auspices. Or la *Gazette littéraire* avait pour objet d'anéantir cette foule d'écrivailleurs : donc plus de tribut pour le *Journal des savants*, et le peu qu'il rendait par lui-même suffisait à peine à le soutenir. L'affaire fut portée au conseil, et ce procès excita une grande fermentation à la cour. Bref, Arnaud et Suart l'emportèrent : la *Gazette littéraire* fut placée sous les auspices du ministre des affaires étrangères et recommandée aux agents de la France à l'extérieur. Mais le succès fut loin de répondre à ce qu'avaient espéré les uns, à ce que redoutaient les autres, et au bout de deux ans ce « pénible travail » était abandonné.

Après cette grande presse littéraire, dont nous n'avons pu qu'indiquer quelques sommets, nous citerons quelques spécimens des genres divers dans lesquels s'exerça le journalisme naissant.

Dès 1676, François Colletet, ce pauvre poète immortalisé par Boileau, lequel,

> Crotté jusqu'à l'échine,
> Allait chercher son pain de cuisine en cuisine,

dotait la capitale d'une petite gazette qui lui était spécialement consacrée, le *Journal de la Ville de Paris*, contenant ce qui se passait de plus mémorable pour la curiosité et l'avantage du public. C'était une très heureuse idée. Malheureusement cette petite feuille, qui aurait été fort curieuse, fut arrêtée dès ses premiers pas par les monopoleurs. Elle offre, notamment, cette particularité, sans exemple jusque-là, et à peu près unique, que les deux dernières pages sont occupées par des annonces rangées sous une rubrique spéciale : « Avis et affaires de la semaine apportés au bureau pour en instruire le public », et imprimées en caractères différents de ceux du corps du journal.

On lit dans la correspondance de Grimm, à la date de 1768 :

Un adorateur de la plus belle moitié du genre humain vient de nous annoncer un nouveau journal, mais d'une nécessité si absolue et si indispensable que je ne conçois pas comment nous avons fait pour nous en passer jusqu'à présent. C'est un *Courrier de la mode,* ou Journal du goût. Ce journal paraîtra tous les mois, et donnera, à chaque fois, en une demi-feuille in-8°, le détail de toutes les nouveautés relatives à la parure et à la décoration. Il indiquera les différents goûts régnant dans toutes les choses d'agrément, avec le nom des artistes chez lesquels on les trouve. Il y joindra le titre des livres de pur amusement, et même l'ariette courante; mais ces deux derniers articles ne seront que hors-d'œuvre, pour délasser de matières plus importantes... La souscription pour ce journal n'est que de 3 livres par an ; mais, quand on pense à combien de millions d'âmes, en Europe et en Amérique, ce journal est indispensablement nécessaire, on prévoit que, moyennant un petit privilège exclusif pour les deux hémisphères, le profit de l'auteur sera immense, sans compter les présents que les marchandes de modes feront à madame son épouse, s'il en a une, comme je l'espère.

Je ne sais quel a été le sort de ce premier né des journaux de modes, qui ont tant pullulé depuis; mais il n'y aurait eu rien d'étonnant à ce qu'il atteignît au succès que lui prédisait en badinant le spirituel chroniqueur.

La *Gazette des deuils* répondait à un besoin non moins sérieux. Les Parisiens ignoraient souvent les jours où se quittaient les deuils de cour : le but de la nouvelle gazette était de les en informer, la veille ou la surveille, par des billets qui seraient envoyés chez les abonnés; et ce moyennant 3 livres par an, ce qui n'était certainement pas cher pour un si grand service. L'établissement de cette feuille avait été autorisé par le duc de Choiseul au profit d'une courtisane jadis célèbre, retirée du service à cause de la multiplicité de ses services, et de son âge. C'était la maîtresse de Palissot, et le ministre l'honorait de ses bontés. Palissot, désireux de tirer parti de cette feuille anodine, y joignit, moyennant une augmentation de 3 autres livres, un *Nécrologe des hommes célèbres de France*. Grimm, ennemi juré de Palissot, dit beaucoup de mal de cette « rapsodie, écrite par des barbouilleurs qui se donnent le titre de société de gens de lettres ». La Harpe, moins partial, n'hésite pas à reconnaître l'utilité dont peut être ce recueil, malgré ses défauts, par les faits et les dates qu'il renferme, et le place au nombre des livres dont son impérial correspondant peut faire usage.

Renchérissant sur Palissot, un écrivain plus inventif encore, Durozoy, lançait bientôt le prospectus d'un journal qui enregistrerait non seulement les décès, mais aussi les mariages et les naissances, une sorte de gazette de l'état civil, mais agrémentée de toutes sortes d'accessoires qui en feraient le plus intéressant de tous les journaux, un papier qui ferait époque dans les fastes des papiers publics, et il lui donnait le titre amphilogique de *Gazetin du patriote*. « Il faut lire, disait Querlon, l'éloquent prospectus de cette feuille pour concevoir toute l'importance d'un écrit qui paraît se borner à notifier les naissances, les mariages et les morts, mais qui rassemblera l'utile et l'agréable, et qui réunira tout ce que la *Gazette* et le *Mercure de France*, tout ce que les *Affiches de Paris* et le *Nécrologe*, nous apprennent déjà, pour nous en épargner la lecture... Cet écrit fait bien voir comment l'*art de trouver* des titres est précieux. Ce sont des titres qu'il nous faut : donnez-moi des titres et je trouverai des choses ; je ne chercherai point, j'en prendrai partout... » où il y a prendre. Mais le titre n'y fit rien, non plus que les belles promesses, non plus que ses appels « aux artistes qui président aux enfantements », ni les apologues qu'il prodiguait pour qu'on lui donnât le temps de perfectionner son œuvre. Qu'on me laisse faire, s'écriait-il, et l'on verra que le titre de *patriote* que j'ai adopté est un engagement sacré, dont je connais toute l'étendue ; mais il faut le temps :

La première beauté qui vit un rosier pendant l'hiver dut dédaigner cet arbrisseau informe ; aux premiers jours du printemps elle dut fuir une tige qui ne pouvait se couvrir de feuilles sans s'armer d'épines ; au mois de mai la reine des fleurs vint à éclore : hiver, épines, tout fut oublié. En talents, en ouvrages, en établissements, voilà l'histoire du génie et du zèle.

Rien n'y fit ; une indifférence coupable laissa mourir, avant la saison des fleurs, une feuille qui « aurait pu être un véhicule pour l'opinion publique ».

Un tout autre accueil était réservé aux *Lunes du Cousin Jacques* (Beffroy de Reigny), dédiées au nouveau jardin du Palais-Royal,

> Fier rendez-vous des plus jolis minois
> Dont les attraits parent la capitale ;

avec cette devise, qui rappelle un peu l'apologue de Durozoy :

> D'abord il s'y prit mal, puis un peu mieux, puis bien,
> Puis enfin il n'y manqua rien.

Cette petite feuille, très curieuse, très amusante, est la première, et à peu près la seule du genre fantaisiste que l'on rencontre avant la Révolution ; c'est moins, d'ailleurs, un journal qu'une « folie périodique », comme l'appelle le Cousin Jacques lui-même ; c'est un salmigondis de vers et de prose sur toutes sortes de sujets possibles, et même impossibles. Ce qui la distingue surtout, c'est son caractère tout personnel. Bien avant les *Guêpes* et les autres petits tomes à la suite, le Cousin Jacques avait donné l'échantillon de ces plaisanteries intimes où l'auteur se met en jeu, lui et tout son entourage. Sa littérature était une littérature tout à fait amicale, communiquant directement avec le lecteur. On est abasourdi, quand on parcourt ce recueil, des manières folâtres de l'auteur, des licences inimaginables qu'il prend avec ses abonnés. Tantôt ce sont des pages entières imprimées en sens inverse, des pages toutes blanches ou des pages toutes noires, ou bien encore des pages remplies de larmes et d'attributs funéraires, etc. Toutes ces calembredaines paraissent plaire infiniment aux souscripteurs du Cousin Jacques ; de tous côtés ils lui envoient, avec leurs félicitations sincères, celui-ci un panier de vin de Champagne, celui-là une petite chienne blanche aux pattes noires. Et le Cousin Jacques ne demeurait pas en retard de bons procédés : ainsi, afin de mettre chacun à son aise, il admettait la souscription en nature; il recevait, par exemple un frac de drap de coton tigré ou une culotte de velours caca-dauphin pour un abonnement d'une année.

Pour donner une idée de cette étrange publication, il me faudrait citer quelqu'une des immenses bouffonneries qu'on y rencontre; mais la place me manque, et je dois me borner à ces trois couplets d'une complainte de l'auteur sur ses déménagements forcés, complainte datée du 15 mai 1785, mais que l'on croirait écrite d'hier :

> J'occupais fort modestement
> Un fort petit appartement,
> Assez haut, mais en belle vue.....
> Par ordre du gouvernement.
> Avec les trois quarts de la rue,
> La maison, pour l'alignement,
> Fut en peu de jours abattue.
>
> . . . .
> Dans un autre corps de logis
> J'eus le Palais pour vis-à-vis.
> De par Thémis autre préface :
> « Délogez, monsieur! point de grâce.
> — Quand? — Ne vous faites point prier.
> Dès demain! Pour faire une place
> On jette à bas tout le quartier. »
>
> . . . .
> Oh! cherchons quelque autre édifice,
> Si neuf qu'on le bâtisse encor.....
> Mon Apollon, vous avez tort.
> Craignez un moment de caprice!
> Je ne réponds pas, mon ami,
> Qu'exprès on ne le démolisse,
> Peut-être avant qu'il soit fini.

NOTRE PREMIER JOURNAL QUOTIDIEN

La concurrence, on le voit, avait de bonne
heure enfanté la réclame, et le boniment était
déjà, au milieu du XVIIIe siècle, en pleine floraison ;
mais aucun de ces affamés de lucre ou de fumée
ne s'était avisé, ou ne s'était senti la force de chercher le succès dans l'amélioration de la condition
matérielle du journal ; c'était toujours le même
format exigu, la même périodicité restreinte. Cependant l'Angleterre avait eu dès 1702 un journal
quotidien, *Daily Courant*. Disons, en passant, que
les fondateurs de cette feuille avaient adopté un
format de moitié plus petit que le format usité ;
et sait-on pourquoi ? « Afin d'épargner au public
au moins la moitié des impertinences que contenaient les journaux ordinaires. » Ne serait-ce pas
plutôt afin de s'épargner à eux-mêmes la moitié
de la peine qu'ils auraient eue à remplir tous les
jours un journal du format habituel, à cause des
difficultés de diverse nature que devait présenter à cette époque une publication quotidienne ?
Ce furent bien évidemment ces difficultés qui ar-
rêtèrent si longtemps chez nous les journalistes
et leurs éditeurs.

Quoi qu'il en soit, ce fut seulement en 1777 que
le progrès accompli depuis soixante-quinze ans
par le *Daily Courant* fut réalisé en France par la
création du *Journal de Paris*.

Le prospectus de cette nouvelle feuille avait été
lancé au commencement de novembre 1776, et il
avait causé une immense sensation. On le comprendra quand on aura lu son luxuriant programme ; voici, en effet, ce qu'elle promettait :

L'annonce des livres le jour même où ils auraient

paru, ainsi que des cartes géographiques, des estampes, de la musique, avec le prix, l'adresse du libraire, l'interprétation du titre, les journalistes se réservant, en outre, de donner des notices plus longues et plus détaillées, lorsque ces nouveautés le mériteraient;

Ces légères productions de l'esprit, ces madrigaux, toutes ces pièces de poésie, fruit du bon goût et de la gaieté décente; ces bons mots, ces anecdotes, auxquels la nouveauté semble ajouter du prix;

La description des fêtes particulières, le répertoire des spectacles de Paris, les modes, la construction des édifices publics et particuliers, le nom des artistes qui y seraient employés;

Le récit des actions vertueuses dans tous les genres;

La valeur des comestibles et fourrages;

L'arrivée des grands, celle des savants et des artistes étrangers, avec des notions sur le genre de sciences qu'ils cultivent et d'arts qu'ils professent, leur demeure, leur départ;

Le bulletin de la maladie des personnes dont la santé intéresse le public, soit par le rang qu'elles occupent ou les dignités dont elles sont revêtues, soit par la réputation dont elles jouissent;

L'objet des édits et déclarations, des arrêts des cours souveraines, des jugements et ordonnances des tribunaux; les jugements rendus la veille dans les causes intéressantes; les vacations des tribunaux; les mutations dans les offices de judicature, de finance et autres; le changement des officiers publics, les bénéfices vacants dans les églises de Paris, les cérémonies religieuses et le nom des prédicateurs;

Des détails sur les paiements de l'Hôtel-de-Ville, comme la lettre et le nom des payeurs, etc.; le cours des effets publics et du change de Paris, les numéros sortis de la roue de fortune;

Les observations astronomiques du jour, les observations météorologiques de la veille, les aurores boréales et autres phénomènes du ciel, etc., etc.

Et cela tous les jours! C'était à n'y pas croire; mais le luxe avec lequel on monta les bureaux, dans un hôtel loué au milieu d'un des quartiers de Paris les plus chers, témoignait de la confiance que les fondateurs avaient dans leur entreprise, et le public ne demandait qu'à la partager : un journal quotidien! quelle bonne fortune pour la curiosité publique, et pour l'industrie! .

Mais aussi quelle menace pour les journaux qui tenaient le haut du pavé, et même pour la multitude des petites feuilles qui pullulaient dans la capitale, renfermés tous dans une spécialité plus ou moins étroite, et, en tout cas, ne paraissant qu'à des intervalles plus ou moins éloignés! Aussi y eut-il dans le camp des journaux un *tolle* général contre le privilège accordé au nouveau venu ; et les protestations de tous ces feuillistes étaient d'autant plus fondées qu'ils payaient pour la plupart une forte redevance au département des affaires étrangères.

Malgré toutes les clameurs et les oppositions, le *Journal de Paris* parut au jour fixé par le prospectus, le 1er janvier 1777. Et dès le premier numéro, les éditeurs donnaient plus qu'ils n'avaient promis, en surface du moins. Leur journal, en effet, ne devait se composer que de quatre pages in-octavo, et dès le début « ils s'assujettissaient au format in-quarto, qui, s'il doublait leurs frais, leur assurait les moyens de remplir plus strictement leurs engagements avec le public ». Ce n'était cependant pas trop encore pour toutes les matières qu'ils devaient embrasser, car l'in-quarto de cette époque n'était guère plus grand que l'in-octavo actuel, et un numéro du *Journal de Paris* serait fort à l'aise dans une colonne de nos grands journaux.

Aussi ce premier numéro si avidement attendu était-il assez maigre : un bulletin astronomique et météorologique, un article sur *l'Almanach des Muses*, une annonce de librairie, trois ou quatre faits administratifs et judiciaires, deux évènements, un bon mot et l'annonce des spectacles en font tous les frais, mais avec une perle : une lettre de Voltaire, datée de Ferney le 22 décembre 1776. Cette lettre faisait dire aux mauvaises langues de la *Correspondance secrète :* « Les rédacteurs du *Journal de Paris* n'ont pas manqué de suivre la leçon du chevalier de Rutlidge dans sa comédie du *Bureau d'esprit ;* ils ont orné leur première feuille d'une lettre du *papa grand homme.* Cette lettre, comme on le doit bien penser, renferme des éloges... » Voltaire, en effet, approuvait le plan de la nouvelle feuille, qui lui paraissait aussi sage que curieux et intéressant, et, à défaut d'un concours que son grand âge et les maladies ne lui permettaient pas de promettre, il se comptait au nombre des premiers souscripteurs.

Les épigrammes ne pouvaient manquer au nouveau journal, dans ce temps si fertile en ces jeux d'esprit ; en voici une des meilleures :

Fournissez-vous à la boutique
Des journalistes de Paris :
Tout s'y trouve, vers et physique,
Calembours, morale, critique.
Et de l'encens à juste prix :
Monstres de la foire et musique,
Voltaire et l'Ambigu-Comique,
Courses aux jockeys et paris,
Danseurs de corde et politique,
Finances et vol domestique,
Liste des morts et des écrits ;
Si la lune est pleine ou nouvelle,
S'il pleut, s'il vente, ou bien s'il gèle,
Et, si les foins sont renchéris
Il en rend un compte fidèle :
Les journalistes de Paris
Ont la science universelle.

Ce n'est pas tout, car leur pamphlet
Est d'un usage nécessaire
Pour compléter le ministère
De l'apothicaire Cadet.

Il y avait, en effet, parmi les fondateurs du nouveau journal, un apothicaire, dont le nom, par
parenthèse, s'est perpétué de la façon la plus honorable dans la pharmacie parisienne. Ce devait être
nécessairement matière à facéties; on répandit,
entre autres, la suivante :

On lisait au sacré vallon
Un nouveau journal littéraire :
« Quelle drogue ! » dit Apollon.
— Rien d'étonnant, répond Fréron,
Il sort de chez l'apothicaire,
— Quoi! dit Linguet sur son haut ton,
Un ministre de la canule
Voudrait devenir notre émule !
— Oui, dit La Harpe; que veux-tu !
Cet homme, ayant toujours vécu
Pour le service du derrière,
Doit compléter son ministère
En nous donnant un torche-cu.

Les autres fondateurs du *Journal de Paris*, avec
Cadet, étaient Corancez et Dussieux.

Cadet, d'Ussieux et Corancez!
Ah! les jolis noms pour l'histoire !
Un jour ils y seront placés,
Cadet, d'Ussieux et Corancez.
Par eux les Gacons, les Visés,
Verront s'éclipser leur mémoire.
Cadet, d'Ussieux et Corancez,
Ah! les jolis noms pour l'histoire !
. . . .
Cadet, d'Ussieux et Corancez
Sont trois lettrés de conséquence.
Par qui seront-ils effacés
Cadet, d'Ussieux et Corancez ?
Prenez leur journal et lisez,

Vous direz en toute assurance :
Cadet, d'Ussieux et Corancez
Sont trois lettrés de conséquence.

Etc., etc.

Cela se chantait sur l'air des *Triolets*, et valait
bien assurément les aménités qu'échangent trop
souvent les journalistes d'aujourd'hui.

Le *Journal de Paris* eut même l'honneur d'être
traduit sur la scène de la Comédie-Française, dans
une de ces pièces à tiroir comme on en faisait déjà,
et qui ressemblaient assez, pour le fond, à ces revues de l'année dans lesquelles nos petits théâtres
font, chaque hiver, assaut d'esprit (?). La pièce en
question avait pour titre : *Molière à la nouvelle
salle, ou les Audiences de Thalie*. Thalie et Melpomène reçoivent Molière dans le nouveau temple
qu'on vient de leur élever; elles l'instruisent des
révolutions que les lettres, le goût, l'art dramatique, ont éprouvées depuis qu'il a quitté la terre.
De là une diatribe à laquelle Melpomène n'aurait
pris aucune part si elle se fût un peu plus respec-
tée, diatribe quelquefois gaie, mais plus souvent
violente, contre les spectacles forains, les tragédies
et les comédies modernes, les dictionnaires, les
almanachs, les journaux, et nommément le *Journal
de Paris*.

Les « très circonspects et très patients » rédacteurs dédaignèrent, comme bien on pense, de répondre à une pareille attaque ; cette prudence leur
valut ce camouflet :

O d'Ussieux, Cadet, Corancez!
Comme on vous a bernés! comme on vous a tancés!
Mais Corancez, d'Ussieux, Cadet,
Ont toutes les vertus, le sang-froid du baudet;
Et Cadet, Corancez, d'Ussieux,
N'en écrivent pas moins, n'en écrivent pas mieux.

Mais l'heureux triumvirat prenait très bien son parti de plaisanteries qui étaient, en quelque sorte, la consécration de son succès; il avait, d'ailleurs, de bien autres soucis. La lutte, en effet, se poursuivit longtemps entre le nouveau journal et les anciens, mais plus particulièrement avec la *Gazette de France,* sur le terrain des annonces. A ces querelles de boutique, ajoutez les embûches que ne cessait de lui tendre la jalousie. Sa quotidienneté même et sa popularité lui faisaient une situation assez périlleuse; mêlé comme il l'était au mouvement quotidien de la grande ville, à ses passions, il était impossible qu'il ne commît pas de temps à autre quelque imprudence, que l'envie était toujours prête à exploiter. Pensez aussi! une entreprise qui rapportait plus de cent mille francs de produit net! il y avait là de quoi éveiller bien des convoitises. On réussit bien, en effet, à faire suspendre plusieurs fois le trop heureux journal, mais on ne parvint pas à déposséder ses propriétaires, fortement soutenus par l'opinion publique. Un journal de tous les matins, dit Garat, était tellement approprié au goût des Français et à la vie de Paris, qu'on ne faisait plus de déjeuner où celui-là ne fût à côté du chocolat ou du café à la crème. On s'étonnait qu'on eût pu vivre si longtemps sans journal, et l'on ne voulait plus s'en passer. Aussi le *Journal de Paris* alla-t-il sans trop d'encombre jusqu'au début de la révolution, où il se transforma, comme toutes les feuilles qui existaient alors (1).

(1) A défaut des curiosités dont abondent les commencements de ce premier de nos journaux quotidiens, et qui ne sauraient trouver place ici, qu'on me permette une petite anecdote qui y a trait. J'ai consacré ailleurs au *Journal de*

LE JOURNAL INTERLOPE

Gazettes de Hollande. — Gazettes clandestines.
Nouvelles à la main.

Nous avons vu que les gazettes étrangères
avaient été admises de bonne heure en France.
Elles y étaient naturellement très recherchées,
au grand déplaisir des propriétaires de notre
Gazette, qui ne cessèrent, depuis Renaudot, de réclamer contre ce qu'ils appelaient la violation de
leur privilège. De ces gazettes, les plus nombreuses, et celles aussi qui intéressent le plus notre
histoire, sont celles de Hollande, assez importantes pour que je leur aie consacré un volume
spécial. Ne pouvant entrer ici dans aucun détail

Paris un chapitre assez étendu pour qu'un larron des plus
osés ait pu y découper une douzaine de feuilletons, qu'il
publia, à grand renfort de trompette, dans un journal ami,
comme étant son œuvre exclusive, et sans faire la plus petite
allusion à l'*Histoire de la presse* ni à son auteur. Si habitué
que je fusse à être pillé, la chose me parut un peu forte, et
je hasardai une timide réclamation. La réponse qui me fut
faite mérite d'être mise sous verre :

« Je suis loin de vous contester l'honneur d'avoir *réuni* sur
l'histoire du journal en France le *recueil* de documents le
plus considérable qui existe..... Les documents publics n'ap-
partiennent à personne en propre; l'usage en appartient au
premier venu.

« *Vous croyez peut-être que Napoléon a des réclamations à
faire à M. Thiers, qui s'est servi de ses actes pour écrire l'histoire du Consulat et de l'Empire?* » !!!

Quant au reproche de n'avoir pas fait la moindre allusion
à la source où il avait puisé :

« *Vous comprendrez* aussi que la *publicité périodique* (le
journal, je suppose) *ne comporte pas de notes; on ne met de
notes que dans un livre* » !!!

Après cela il ne me restait plus qu'à tirer l'échelle.

sur ces « véhicules des médisances de l'Europe »,
comme les appelait Bayle, je me bornerai, pour
mettre fin à une confusion qui dure depuis deux
cents ans, à faire remarquer qu'il n'y a jamais
eu de gazette portant le titre de *Gazette de Hollande*,
comme on dit toujours, et qu'il n'en est point qui
mérite qu'on lui donne ce titre par préférence aux
autres. C'est peu à peu que l'usage s'était intro-
duit de désigner sous ce nom toutes les feuilles
venant de la république des Provinces-Unies ; mais
chaque ville quelque peu importante de la Hollande eut sa gazette française, quand elle n'en
eut pas plusieurs.

Quoi qu'il en soit, certains aventuriers littéraires, voyant la faveur qui s'attachait à ces impor-
tations, étaient allés fonder à l'étranger des feuilles destinées à la France, et dont ils obtenaient
facilement l'introduction moyennant une rétribution annuelle, qui variait suivant mille considérations. Il s'établit ainsi sur nos frontières de véritables fabriques de journaux politiques et littéraires.

Nous citerons en première ligne celle établie à
Bouillon, et dont le fondateur mérite de nous
arrêter quelques instants. C'est, en effet, une
des figures les plus curieuses du journalisme ; c'est
le premier faiseur, le premier entrepreneur de
journaux que nous rencontrions. Il s'appelait
Pierre Rousseau, et, comme il était né à Toulouse,
il avait de bonne heure ajouté à son nom celui de
sa ville natale, sans doute pour se distinguer de
ses célèbres homonymes. C'était là peut-être une
prétention quelque peu ambitieuse ; elle donna
lieu à l'épigramme suivante :

Trois auteurs que Rousseau l'on nomme,
Connus de Paris jusqu'à Rome,

Sont différents, voici par où :
Rousseau de Paris fut grand homme,
Rousseau de Genève est un fou,
Rousseau de Toulouse un atome.

Cet atome n'était pourtant pas sans une certaine valeur, comme on va le voir. Venu bien jeune encore chercher fortune à Paris, Rousseau y avait débuté par quelques pièces de théâtre qui avaient eu assez de succès. On le voit ensuite agent ou correspondant littéraire de l'électeur palatin, en même temps qu'il est attaché à la rédaction de l'*Affiche de Paris*. Ces doubles fonctions lui donnèrent l'idée de faire un journal, et il songea d'abord à en établir le siège à Manheim, où son protecteur lui promettait plus de liberté qu'il n'en aurait eu à Paris ; mais il se décida finalement pour Liège, ville qui tenait de sa position l'avantage d'être comme un centre d'où l'on pouvait aisément faire circuler un ouvrage dans toute l'Europe.

Il y fonda le *Journal encyclopédique*, qui fournit une des plus longues et des plus honorables carrières (1756-1793, 288 vol. in-12). L'objet premier de ce recueil avait été de rassembler, chaque quinzaine, tout ce qui se passait en Europe de plus intéressant dans les sciences et les arts ; mais il était bientôt devenu l'un des organes les plus vifs et les plus dévoués du parti philosophique ; et c'est à cela surtout qu'il dut de faire un certain bruit dans le monde et d'être proclamé par Voltaire « le premier des 173 journaux qui paraissaient tous les mois en Europe ».

Rousseau, du reste, avait, au dire même de ses détracteurs, préparé le succès de son journal avec une rare habileté, lit-on dans un factum publié à l'occasion des démêlés que lui suscitèrent ses opinions philosophiques. « Il l'avait recommandé par un prospectus des mieux tournés, qui séduisit non seulement toute la ville de Liège, mais encore nombre de savants et de gens de lettres en Italie, en France, dans les Pays-Bas, en Allemagne, etc.

« M. Rousseau tendit encore à son arc une corde infaillible pour le débit d'un ouvrage, fût-il le plus mauvais du monde; corde par le seul moyen de laquelle la première, quelquefois la seconde édition d'un livre, sont vendues et payées avant que les critiques aient eu le temps de mettre la main à la plume : c'est l'abonnement avec les postes de France et d'Allemagne. Les fermiers généraux préposés à Paris sur cette partie des fermes donnèrent les mains au partage des frais de transport. M. Rousseau, outre la diminution des frais en faveur des abonnes et la facilité de l'abonnement, y gagnait l'expédition plus prompte des envois et l'étendue de la distribution. Il écrivit en même temps au prince de la Tour-Taxis, grand-maitre souverain des postes de l'Empire, en lui adressant son prospectus, une lettre insinuante, pour lui demander le même avantage. Ce prince, très porté à encourager les sciences, se prêta de la meilleure grâce du monde à l'arrangement proposé par M. Rousseau, lui accorda tout ce qu'il voulut, et donna ses ordres à tous les directeurs des bureaux de poste de sa dépendance.

« L'attention du nouveau journaliste ne se borna pas là. Il répandit son prospectus dans les principales villes de l'Europe; il en adressa des exemplaires aux ministres de Vienne, de Versailles, de Bruxelles, et il eut la satisfaction d'en voir plusieurs se mettre au rang de ses souscripteurs; il en trouva jusque dans le sacré collège... MM. les encyclopédistes et les libraires, intéressés au succès du journal, en procurèrent enfin un assez bon nombre, à Paris et dans les provinces. M. de Voltaire accourut au secours : il fut enchanté de trouver un journaliste dévoué qui se prêtât, pour son propre intérêt, à faire parvenir au public les annonces de ses ouvrages, leur désaveu, leur analyse, leur éloge, leur apologie..... »

Tout avait donc été bien combiné pour le succès ; mais Rousseau n'avait pas réfléchi au danger qu'il y avait à introduire un journal philosophique dans une ville qui n'était rien moins que philosophe. Le clergé liégeois n'eut pas de cesse qu'il n'eût chassé le loup de la bergerie, et il finit par obtenir des docteurs de Louvain un jugement solennel qui condamnait le *Journal encyclopédique*, en même temps qu'un mandement du prince-évêque lançait contre lui l'interdiction. Rousseau, alors, transporta ses presses à Bruxelles, où son journal continua à paraître pendant deux à trois mois ; mais l'impératrice Marie-Thérèse, cédant aux représentations du nonce du pape, refusa de le laisser s'y établir, et il dut bientôt chercher un autre asile. Il en trouva un assuré à Bouillon, dont le prince lui accorda un privilège de trente ans, avec la permission d'établir des presses dans sa capitale. Rousseau paya noblement l'hospitalité qui lui était ainsi donnée. Il fonda à Bouillon un établissement très important, connu sous le nom de *Société typographique de Bouillon*, et qui tourna à l'honneur et au profit de cette ville. Outre le *Journal encyclopédique*, qui prit dès lors un grand essor, il sortit de cette imprimerie plusieurs autres recueils périodiques, tous fondés, édités et en partie rédigés par Rousseau ; nous citerons : un *Journal de jurisprudence ;* un *Recueil philosophique et littéraire* de la Société typographique ; une *Gazette salutaire*, destinée à faire connaître par des extraits les meilleurs livres allemands, anglais, français, sur la médecine, la

chirurgie, la matière médicale, et à signaler les
découvertes et les progrès de la science ; enfin,
un journal politique, la *Gazette des gazettes*, plus
connue sous le nom de *Journal de Bouillon*, qui
jouit pendant trente ans d'une réputation mé-
ritée.

Une lettre écrite de Bouillon, en 1765, fournit de
curieux détails sur cette usine littéraire et son
fondateur :

Rien de plus singulier, y lit-on, rien de plus louable, que la fortune de M. Pierre Rousseau. de Toulouse, qui, d'auteur médiocre et méprisé à Paris, est
devenu un manufacturier littéraire très estimé et
très riche. Il préside, comme vous savez, au *Journal
encyclopédique*, à la *Gazette salutaire* et à la *Gazette des gazettes ou Journal politique*. Vous ne sau-
riez croire combien ces trois entreprises lui rendent.
Pour le concevoir, imaginez qu'il est à la tête d'une
petite république de plus de soixante personnes, qu'il
loge, nourrit, entretient, salarie, etc., dans laquelle
tout travaille, sa femme, ses enfants, sa famille ; que
le manuscrit, l'impression, la brochure, la reliure de
ces ouvrages périodiques se font chez lui, et que, malgré les frais énormes de cette triple production, et
j'ajouterai malgré les impôts de toute nature que ses
journaux avaient à payer, en France notamment, il
met encore 20,000 fr. nets de côté, au point d'être aujourd'hui en marché d'une terre de 180,000 livres, qu'il
est à la veille d'acheter, et qu'il compte payer argent
comptant.

On lit, en outre, dans les *Souvenirs et Causeries*
du président Boyer :

En 1781, P. Rousseau était à Paris, et y occupait
une très confortable position, grâce à l'esprit de conduite et à l'entente des affaires dont il était éminemment doué. Il était encore propriétaire du *Journal de
Bouillon*, feuille très accréditée et dont la vogue était

fort lucrative. Il tenait une très bonne maison et recevait fréquemment à sa table les hommes les plus distingués de l'époque dans la littérature et les sciences, notamment l'abbé Barthélemy, le physicien Charles, l'abbé Raynal, d'Alembert, Marmontel, Lemière, Thomas, Dorat, Favart, etc.

On sait, de plus, que Rousseau était en correspondance assez suivie avec Voltaire. Il y a dans tout cela assez de titres, assurément, pour mériter à P. Rousseau une place honorable dans la galerie des journalistes.

Mais le privilège de la *Gazette* recevait bientôt des atteintes plus graves encore. Entraîné par le mouvement, cédant aussi, bien évidemment, à des considérations politiques, le gouvernement en était venu à permettre à quelques journaux de s'imprimer en France, à Paris même, mais cependant, pour sauver le principe, sous la rubrique d'une ville étrangère. Nous voyons, notamment, cette faveur accordée à Ch. Panckoucke.

Nous connaissons déjà ce célèbre éditeur pour l'avoir rencontré au *Mercure*. La fortune de ce recueil n'avait pas longtemps contenté son ambition ; les lauriers de P. Rousseau l'empêchaient de dormir, il voulait à toute force faire tomber le *Journal de Bouillon*. Dans ce but, profitant de la condescendance du gouvernement, il avait obtenu, à la fin de 1772, l'autorisation de faire imprimer à Paris, mais sous la rubrique de Genève, une nouvelle feuille, qu'il intitula : *Journal historique et politique*, mais qui est demeurée connue sous le nom de *Journal de Genève*. Cette feuille, résumé fidèle de toutes les gazettes et papiers publics de l'époque, et qui avait d'ailleurs sur les autres du même genre l'avantage de paraître trois fois par mois, obtint un assez grand succès, mais elle ne parvint pas à tuer celle de Rousseau. Panckoucke alors chercha à renforcer sa ligne d'attaque. Il acheta l'*Avant-Coureur*, une feuille industrielle et littéraire très intéressante, et, pour la rajeunir encore, il la transforma, ou, pour nous servir de ses expressions, il en joignit les droits à une *Gazette de littérature* dont il venait d'obtenir le privilège ; puis il se rendit acquéreur de celui d'un *Journal de politique*, et il obtint la permission de réunir ces deux feuilles en une seule, sous le titre de *Journal de politique et de littérature*, qui devait se publier à Paris sous la rubrique de Bruxelles, et qui prit le nom de cette dernière ville. Il en confia la rédaction, avec un traitement de dix mille livres par an, à l'avocat Linguet, qui depuis quelques années remplissait la France de son bruit.

Il est à remarquer que ce ne fut pas sans hésitation que le fougueux avocat se jeta dans cette carrière, pour laquelle il était si bien fait : il avait en effet peu d'estime pour les journalistes, qu'il définit quelque part « des cirons périodiques qui grattent l'épiderme des bons ouvrages pour y faire naître des ampoules ».

Il faut bien le dire, ce mépris pour le journalisme était alors général, au moins chez les gens de lettres, qui ne pouvaient se résigner à la critique, et ne cessaient de déverser l'injure sur ces misérables feuillistes. Brissot, prenant vers la même époque, la rédaction du *Courrier de l'Europe*, disait : « Il fallait bien des considérations pour me faire voir en beau ma position sociale, et ces occupations de journaliste, si peu estimées. Bayle, me disais-je, a bien été précepteur, Postel goujat de collège, Rousseau laquais d'une marquise.

Honorons le métier, il ne me déshonorera point. »
Et Grimm, qui faisait, lui, du journalisme épistolaire, écrivait : « Les journaux sont devenus une
espèce d'arène où l'on prostitue sans pudeur et
les lettres et ceux qui les cultivent à l'amusement
de la sottise et de la malignité. » Il va sans dire
que la sottise et la malignité, qui sont le nombre,
ne voyaient pas les choses du même œil, et que
la vogue allait aux plus méchants, aux plus ba-
tailleurs.

Quoi qu'il en soit, on voit que la pâture périodique ne manqua pas au xviiie siècle. Ajoutons que
la curiosité publique, la malignité même, trouvaient encore un aliment fort goûté dans la presse
clandestine, dans les nouvelles à la main, les gazettes manuscrites, plus ou moins secrètes, que l'abondance de journaux de toute nature n'avait pas
empêchées, comme je l'ai dit, de continuer leur
petit commerce, grâce à l'avantage qu'elles avaient
sur ces derniers d'être beaucoup plus libres et
plus complètes, de pouvoir faire circuler des nouvelles dont la censure ou l'autorité supérieure
n'auraient pas permis la publication.
La plus célèbre des manufactures de bulletins,
au xviiie siècle, fut le salon de Mme Doublet de
Persan. Cette dame, « très connue en France et
chez les étrangers », pour parler comme les éditeurs des *Mémoires secrets*, tenait à Paris ce que
l'on appelait un bureau d'esprit, c'est-à-dire qu'elle
réunissait chez elle des gens de lettres, comme le
faisaient Mmes de Tencin, du Deffand, Geoffrin, et
Mlle Lespinasse. Son salon jouit pendant près d'un
demi-siècle d'une grande célébrité. On y donnait,
dit Grimm, la principale attention aux nouvelles.
Mme Doublet en tenait registre. Chacun, en arri-

vant, lisait la feuille du jour, et l'augmentait de
ce qu'il savait de sûr. Les valets copiaient ensuite
les bulletins, et s'en faisaient un revenu en les dis-
tribuant au public. Les *Mémoires secrets pour servir
à l'histoire de la république des lettres*, généralement connus sous le nom de Mémoires de Bachau-
mont, du nom du président de la *paroisse*, comme
on appelait le salon de Mme Doublet, ne sont autre chose que la reproduction d'une partie de ces
bulletins. Or, à en juger par cet ouvrage, les nouvelles à la main émanées de ce cercle fameux
étaient assurément, et de beaucoup, les plus amu-
sants journaux du temps; c'était une véritable
chronique, dans l'entière acception du mot, chronique assez peu limée, mais abondante et nourrie.

À côté de ces petites feuilles, les ancêtres de ce
que nous appelons aujourd'hui le petit journal, le
journal de mœurs, le journal satirique, il y avait
de véritables gazettes manuscrites, au ton grave
et sérieux, et l'on en trouve jusqu'aux approches
de la Révolution; ce qui s'explique par l'insuffi-
sance de notre *Gazette* officielle, et par le privilège
dont elle jouissait et qui ne permettait pas, ou ne
permettait que très difficilement, qu'une autre gazette imprimée pût s'établir à côté d'elle.

PHYSIONOMIE DE L'ANCIEN JOURNAL

Quelques données techniques et statistiques.

Il est fait assez fréquemment allusion, dans les
écrits du XVIIIe siècle, à la masse de journaux dont
la France et l'Europe auraient été dès ce temps-là

inondées — c'est l'expression. On peut croire que ce débordement était très relatif, mais les données à cet égard manquent absolument, et force nous est de nous contenter de quelques rares et vagues énonciations, comme celle de Voltaire proclamant le *Journal encyclopédique* le premier des 173 journaux paraissant alors en Europe, et celle de Laharpe disant du *Journal de Paris* qu'il venait s'ajouter aux 28 journaux qui paraissaient déjà dans la capitale. Ce dernier chiffre concorde avec une liste, que j'ai sous les yeux, des journaux qui s'imprimaient ou circulaient à Paris deux ans après, en 1779 : ils étaient alors au nombre de 41, dont 14 venaient de l'étranger.

Pour ma part, de longues recherches ne m'ont donné à enregistrer, de 1631 à 1789, que 350 journaux ou recueils périodiques dans tous les genres.

Dans l'origine, le format des journaux était, nous le savons déjà, des plus exigus. Les journaux littéraires sont en général in-12, quelques-uns seulement in-8°, bien que leur prototype, le *Journal des Savants*, ait toujours été in-4°. Les gazettes sont généralement de format in-4°. Quelques-unes ne se composent d'abord que d'un simple feuillet, et encore imprimé assez souvent d'un seul côté, tantôt en longues lignes, tantôt sur deux colonnes. Mais elles ne tardent pas à avoir toutes quatre pages, et de bonne heure même un certain nombre, les gazettes de Hollande, par exemple, publient un supplément régulier.

Pour les titres, nous en avons assez mentionné au courant de la plume pour qu'on se fasse une suffisante idée de leur variété. En 1777, un nouveau journal s'intitulait *Feuille sans titre*, par cette raison que « la foule des ouvrages périodiques qui couvrait la face de l'Europe rendait presque impossible le choix d'une dénomination dont la différence avec les autres fût marquée ».

Les premières gazettes ne paraissaient qu'une fois par semaine; mais d'assez bonne heure elles parurent deux fois, quelques-unes même trois fois. Les mercures, les revues, ne paraissaient généralement qu'une fois par mois, rarement deux. Il en était de même des journaux littéraires, qui devinrent ensuite presque tous hebdomadaires.

Le prix variait naturellement selon la périodicité, selon l'importance, le volume du journal. Les plus importants coûtaient 18 livres pour Paris, 24 pour la province; cependant *l'Année littéraire,* hebdomadaire, coûtait 24 et 32 livres; le *Journal de Paris,* quotidien, 24 et 30 livres; le *Mercure,* 16 volumes par an, 24 et 32 livres. Le *Journal des savants,* 14 livraisons par an, ne coûtait que 16 liv. 14 sols et 20 liv. 4 sols. Les gazettes étrangères, qui paraissaient deux fois par semaine, sauf celle de La Haye, qui venait trois fois, coûtaient, en 1779 : celle d'Amsterdam 48 liv., celle de Clèves 42, les autres 36.

Je n'ai rien trouvé de précis sur le mode de distribution des premiers journaux; mais il y a tout lieu de croire qu'ils étaient criés et vendus dans les rues, comme les feuilles volantes dont ils procédaient. Nous avons vu qu'il en était ainsi pour la *Gazette,* et, de plus, que de pauvres femmes allaient l'acheter au bureau de la grande poste, et la distribuaient, pour 30 sols par mois, aux personnes qui la voulaient lire. Il est supposable que l'administration des postes, que l'on voit ainsi intéressée, je ne sais à quel titre, à la vente dans Paris, était chargée du transport et de la distribution en province. Il paraîtrait même qu'à une certaine époque elle en avait fait l'objet d'une spéculation quelque peu scandaleuse, au point d'avoir porté jusqu'à 40 écus le prix annuel des gazettes de Hollande, qui ne lui coûtaient qu'environ 24 livres d'achat.

Disons enfin qu'alors, comme aujourd'hui, les journaux se trouvaient dans la plupart des cafés; on les lisait, en outre, dans certaines boutiques du quai des Augustins, dans les charniers des Innocents, etc. Colletet, dans son *Tracas de Paris* (1660), parle ainsi des curieux qui se pressaient dès lors sur le quai des Augustins pour lire les gazettes :

> Mais, en faisant chemin, regarde,
> Sans t'arrêter à la moutarde,
> Tous ces lecteurs de nouveautés
> Dans ces boutiques arrestés.
> L'un sur son nez met sa lunette
> Afin de lire la gazette,
> Escrite en prose, escrite en vers,
> Des nouvelles de l'Univers.
> C'est un plaisir, pour ces lectures,
> De voir les diverses postures.
> Parmi ces gens, en voilà deux
> Fichés tout droits comme des pieux,
> D'autres rangés sous étalages
> Tout ainsi comme des images,
> Ceux-là dessus un banc pressés,
> Ceux-ci sous la porte entassés:
> Car chaque boutique est si pleine
> Qu'on n'y saurait tenir qu'à peine.
> Celui qui lit plus promptement
> Prête à l'autre un commencement.
> Un autre curieux demande
> Une gazette de Hollande,
> Et celui-ci celle d'Anvers;
> Cet autre lit la lettre en vers,
> Non de Loret, fils du Parnasse,
> Mais de celui qui le remplace,
> Et qui fait si bien aujourd'hui,
> Que Loret ressuscite en lui.

C'étaient là les premiers cabinets de lecture; ce n'est qu'au milieu du xviiie siècle que des lieux de réunion plus confortables, des *salles littéraires,* des *cabinets académiques de lecture,* vinrent offrir aux nouvellistes des commodités longtemps inconnues.

Cette esquisse de l'ancien journalisme, si sommaire qu'elle soit, peut donner une idée suffisante du développement qu'il avait pris, dans la dernière moitié, surtout, du xviiie siècle. En somme, le rôle des journaux à cette époque fut plus considérable, leur action fut plus marquée, qu'on ne paraîtrait généralement disposé à le croire, et la voie était largement frayée déjà quand éclata l'explosion de 1789.

DEUXIÈME PÉRIODE (1789-1880)

LE JOURNAL PENDANT LA RÉVOLUTION

Si l'écrivaillerie, comme l'a dit Montaigne, est
le symptôme d'un siècle débordé, jamais époque
ne fut plus débordée que celle où nous sommes
arrivés. Il y eut, dans les dix ou quinze années
qui précédèrent immédiatement la Révolution,
une sorte d'éruption littéraire, si l'on pouvait ainsi
parler; un flot de lettrés, comme une lave brûlante, avait envahi la capitale, et l'avait remplie
de trouble et d'agitation. Les gens de lettres, lit-on
dans les Mémoires de Mallet du Pan, n'étaient
plus une classe; c'était une multitude désordonnée
et affamée, dont les premiers rangs seuls possé-
daient considération et aisance, tandis que tout
le reste se débattait contre la misère. « Paris, dit
l'austère publiciste, est plein de jeunes gens qui
prennent quelque facilité pour du talent, de clercs,
commis, avocats, militaires, qui se font auteurs,
meurent de faim, mendient même, et font des brochures. »

L'ardeur des esprits s'exhala d'abord dans des
milliers de pamphlets, où étaient agitées avec une
extrême vivacité les questions qu'avait soulevées
l'approche des États-généraux, questions brûlantes, qui remuaient toutes les passions, toutes
les fibres populaires. Mais à peine les États géné-

raux furent-ils réunis, qu'une foule de journaux surgirent comme par enchantement, ceux-ci pour enregistrer, ceux-là pour discuter les actes de cette assemblée, qui tenait l'Europe entière suspendue à ses débats. Du jour au lendemain, pour ainsi dire, le pamphlet se fit journal, le brochurier journaliste. Le rôle du livre était fini ; le pamphlet lui-même était encore trop généralisateur, a dit un écrivain, pour suffire à la succession quotidienne des évènements. Chaque séance des États généraux étant un évènement, et alors l'unique et le plus grand évènement du monde, il fallut bien qu'il s'élevât une voix assez puissante pour l'annoncer au jour le jour à toute la France attentive. Cette voix ne pouvait qu'être celle du journal, qui se répand assez promptement pour satisfaire les curiosités fiévreuses, et se lit assez vite pour ne point ralentir la vivacité des impressions.

Ce fut Mirabeau qui descendit le premier dans cette nouvelle et brûlante arène, enlevant de haute lutte, dès le 2 mai, la liberté de la presse. Il y fut bientôt suivi par Maret, depuis duc de Bassano, par Barrère, Brissot, Gorsas, Loustalot, Condorcet, Garat, Rabaut Saint-Etienne, Louvet, Carra, Mercier, Fontanes, Chénier, Camille Desmoulins, Fréron, Marat, Hébert, Robespierre, Babeuf, etc., etc. A la suite de ces athlètes se précipita toute cette foule d'affamés, de déclassés, comme on dirait aujourd'hui, dont parle Mallet du Pan, tous ceux qui savaient ou croyaient savoir tenir une plume. « Les journaux pleuvaient tous les matins comme manne du ciel, dit un contemporain, et cinquante feuilles, ainsi que le soleil, venaient tous les jours éclairer l'horizon… » — « L'effervescence étant arrivée à son comble, dit un autre, Delisle de Sales, il se trouva que les vingt-quatre heures de la journée n'auraient pas suffi à un citoyen actif pour lire toutes les feuilles périodiques hurlées le matin pour l'instruction ou la destruction des démagogues. »

Toutes ces feuilles cependant trouvaient des lecteurs avides. On courait après, on se les arrachait, on les dévorait. On les lisait tout haut, on les commentait au Palais-Royal, forum de la Révolution, dans le jardin des Tuileries, au café Procope, au sein des sociétés patriotiques.

Ce n'étaient pas seulement nos grandes assemblées nationales, ce n'étaient pas seulement les nombreux partis qui s'y combattaient, les cent clubs ouverts dans tous les quartiers de Paris, qui avaient leurs organes ; le premier venu se croyait, en vertu du principe de la souveraineté du peuple, le droit de dire son mot sur les hommes et sur les choses, le droit, comme fraction du souverain, de s'immiscer dans le règlement des affaires publiques. Et puis cela semblait un moyen si facile de se faire un nom, une fortune peut-être !

C'est une plaisante chose, disait Marat, que le métier de journaliste parmi nous ! Un bonhomme qui aura rimaillé quelque sottise, ou fourni un méchant article à la *Gazette*, ne sachant que devenir, se met à tenter la fortune en faisant un journal. Le cerveau vide, sans connaissances, sans idées, sans vues, il s'en va dans un café recueillir les bruits courants, les inculpations des ennemis publics, les complaintes des patriotes, les lamentations des infortunés ; il rentre chez lui la tête pleine de tout ce fatras, qu'il couche sur le papier et qu'il porte à son imprimeur, pour en régaler le lendemain les sots qui ont la bêtise de l'acheter. Voilà le tableau des dix-neuf vingtièmes de ces messieurs. Ah ! mes amis, au lieu de perdre le temps à ce ridicule métier, que ne vous réunissez-vous sur la place publique pour rassembler les indigents, vous mettre à leur tête, et aller forcer l'Assemblée, qui s'est emparée du bien des pauvres pour payer les sangsues de l'État, de vous donner du pain, si vous ne trouvez pas à en gagner avec vos bras!

C'était bien là un expédient à la Marat; mais tous ces « bonshommes » qu'il objurgue trouvaient sans doute plus facile, et plus sûr, de noircir quelques feuillets de papier.

On comprend dès lors ce qui dut arriver. Ce fut comme une lutte assez semblable à celle des saltimbanques sur un champ de foire. Pour se faire entendre au milieu de ces mille voix qui sollicitaient l'oreille du peuple, il fallait recourir à toutes sortes d'artifices. Un grand nombre cherchaient un élément de succès dans la bizarrerie d'un titre, ou dans l'excentricité, voire dans le cynisme de l'expression. On connaît, notamment, le *Père Duchesne*, et ses *grandes joies* et ses *grandes colères*, et ses *bons avis* et ses *grandes motions,* au moins par les copies qui nous en ont été données en 1848 et 1871, et qui nous dispensent d'y insister.

C'est aussi de cette époque que datent ces superbes boniments qui ont si longtemps fatigué nos oreilles, et dont l'usage, heureusement, se perd tous les jours. Un grand nombre des journaux de la Révolution se *proclamaient*, en effet, dans les rues; quelques-uns même faisaient une édition spéciale pour les *proclamateurs*, avec le sommaire qui devait être crié. C'était de l'habileté, de la sonorité de ce sommaire, et de la force de poumons de ces crieurs, que dépendait le succès pour beaucoup de ces canards, qui souvent ne visaient pas au-delà de la pâture du jour. Ils avaient leur *Bourse* rue du Hurepoix, la rue du Croissant de l'époque.

Depuis le nouveau régime, dit un contemporain, à
sept heures du matin, jours fériés ou non fériés, s'as-
semblaient là les agents des journalistes pour négocier
les papiers publics. Cette négociation, ajoute notre
chroniqueur, n'est point faite avec astuce comme dans
la rue Vivienne (à la Bourse où, dans l'ancien régime,
on vendait les effets royaux). Le cours des effets de
la rue Hurepoix ne varie jamais, et est toujours le
même pour tous. Le fameux *Ami du peuple,* que tout
le monde veut encore avoir, quelquefois ne vaut pas
plus que la *Séance,* dont personne ne se soucie. La
négociation consiste dans l'assortiment. A l'heure de
la Bourse vous entendez l'air retentir de : « Qui veut de
la *Séance?* — Qui veut du *Courrier véridique?* — Qui
est-ce qui a de l'*Observateur?* etc. » Lorsque ces papiers
parlent de M. de Mirabeau ou de M. l'abbé Maury, ils
ont un débit affreux. On se les arrache quand ils par-
ent d'un complot ou de brigands. Industrie! industrie!
a liberté est ta mère.

Cette avalanche de crieurs, qui, dès le point du
jour, se précipitait dans les rues, assourdissant la
cité de ses cris cyniques, était devenue une véritable plaie. La municipalité, que l'on voit plus d'une
fois, dans le silence de toutes les autres autorités,
se préoccuper des écarts de la presse, essaya d'op-
poser une barrière à ce débordement; mais la multiplicité des arrêtés qu'elle prit contre les proclamateurs, et qu'on voit se succéder de mois en
mois, en prouve le peu d'efficacité : autant en em-
portait le vent de passions déchaînées (1).

(1) Je lis dans une chronique contemporaine : « L'usage de
crier les papiers et journaux existait sous le règne du plus
affreux despotisme. On connaît l'origine du mot : *des fagots,*
pour dire des choses fausses ou invraisemblables. On ne
s'abonnait point autrefois à la *Gazette;* des colporteurs la
criaient dans les rues. Il arriva qu'un homme qui criait
des fagots suivit pendant quelques heures le marchand de
gazettes. On remarqua leur cri alternatif : *Des Gazettes!* —

Il y avait des journaux faits pour être affichés, ou, si l'on veut, des affiches politiques et périodiques ; à certains moments surtout les murs de Paris étaient tapissés de placards de toute espèce. « Une âme, pour nous servir des termes énergiquement pittoresques de Louis Blanc, une âme était en quelque sorte soufflée aux édifices ; les pierres mêmes se couvraient d'idées, et les murailles parlaient. » Si quelques-uns de ces placards avaient pour but d'inculquer au peuple les doctrines nouvelles, le plus grand nombre étaient une arme de parti, souvent même un instrument de calomnie, destinés à battre en brèche les partis adverses ou certains individus. « Le système de diffamation par les journaux, nous dit une de leurs victimes, Brissot, n'ayant pas produit l'effet qu'on en désirait, parce que personne n'en voulait, quoiqu'on les donnât gratis, on eut recours, pour se faire lire, à une autre tactique : on mit les libelles en placards, et les placards devinrent périodiques, journaliers. » Tous les partis, du reste, se servaient de cette arme, et celui de Brissot autant que les autres.

Il ne faudrait pas croire que ce mouvement prodigieux de la presse se soit opéré sans rencontrer d'obstacle ; il lui fallait compter journellement avec l'Assemblée, avec la municipalité, avec les clubs, avec les sociétés plus ou moins patriotiques, avec tout le monde enfin.

Il n'y avait pas de jour où la tribune ne retentît de plaintes, de dénonciations, de motions contre

---

Des fagots ! — *Des Gazettes !* — *Des fagots !* On en a ri, et de là l'usage de dire : *des fagots,* pour signifier les nouvelles apocryphes et les contes absurdes, tels qu'on en trouve dans les gazettes. »

les journaux incendiaires ; et les journaux incendiaires, c'étaient, suivant le côté d'où partait l'accu-
sation, les défenseurs du peuple aussi bien que ceux
du trône. Ainsi, dans une même séance, on décrétait
contre l'*Ami du roi* et l'*Ami du peuple ;* ce à quoi, par
parenthèse, Marat répondait en invitant le peuple à
« porter le fer et la flamme sur la majorité gangre-
née des députés de la nation ». Mais la plupart du
temps l'Assemblée passait à l'ordre du jour sur ces
motions, qui se reproduisaient sans cesse et sous
toutes les formes. Par exemple, des loges étaient
affectées, dans l'Assemblée nationale, aux journalistes, ou, du moins, à certains journalistes,
car, dans l'origine, — la liberté procédant en
toute circonstance par exception, — cette faveur
n'avait été accordée qu'à quelques journaux bien
pensants, c'est-à-dire pensant comme la majorité
de l'Assemblée. Or, pas une séance ne se passait
sans que quelque membre demandât que ces
loges fussent retirées à ces empoisonneurs de
l'opinion et rendues au public, et cela sous la
Convention comme au conseil des Cinq-Cents.
Ainsi, le 8 mars 1793, un conventionnel réclamait
la parole pour une « motion importante » : il
s'agissait de « faire taire ces insectes calomnia-
teurs qui étaient les seuls, les véritables obstacles
des progrès de la révolution ; la Convention devait chasser de son sein tous ces êtres immondes
et forcer ces reptiles impurs à se cacher dans leur
honte. (Un grand nombre de voix : Oui! oui!)
— Non, ripostait un autre, moins féroce ; laissons,
laissons coasser dans la boue et la fange ces vils
insectes ! »
C'étaient, en effet, pour certains députés et
dans certaines circonstances, des témoins assez in-
commodes, que ces journalistes, épiant, contrô-

lant, stéréotypant en quelque sorte, pour en instruire l'univers, les moindres mots et les moindres
gestes. Mais plus souvent encore l'amour-propre
y trouvait son compte. Combien se pavanaient
dans leur petite célébrité, qui, sans les journaux,
seraient demeurés parfaitement inconnus! Et puis
il est si doux de se voir imprimé tout vif, de
voir ses petites motions et ses grands discours ré-
percutés par ces mille échos, après tout assez
complaisants! Et même les plus brillants tour-
nois, que serait-ce sans cette éclatante publicité
des journaux!

Les Assemblées, d'ailleurs, comptaient parmi
leurs membres un certain nombre de journalistes,
qu'on ne pouvait évincer. On ne fut pourtant
pas sans y songer. Le lendemain même de la motion dont je viens de parler, un autre conventionnel demandait que tous les membres de l'Assemblée qui faisaient des journaux fussent tenus d'opter
entre la qualité de folliculaire et celle de représentant du peuple. « Je vois avec peine, disait-il,
que des représentants du peuple, qui sont envoyés
ici pour faire de bonnes lois, pour s'occuper des
intérêts du peuple, s'amusent à faire des journaux,
à gangrener l'esprit des départements. » — « Les
députés qui font des journaux, ajoutait un autre,
appuyant la motion, volent l'indemnité qu'ils reçoivent de la nation. Un représentant de la nation
doit tous ses instants à la République : il faut ré-
tablir la nation dans ses droits. » Et la Convention
prit une résolution dans ce sens; mais, deux mois
après, elle revenait sur sa décision, « considérant
combien doit être grand le respect de la pensée »,
et les journaux restèrent décidément maîtres de
la place.

Il y avait bien un expédient encore, et qui fut

plus d'une fois mis sur le tapis par les Assemblées qui se succédèrent : c'était d'avoir un journal à soi, un journal officiel, qui aurait fait qu'on eût été moins dans la dépendance des autres ; mais on ne s'y arrêta point, et les motifs en sont faciles à comprendre. Bornons-nous à dire que c'est seulement au mois de nivôse an VIII que le *Moniteur universel* reçut le caractère officiel qu'il a conservé jusqu'à ces derniers temps, et qu'il était devenu le journal du gouvernement. A défaut de journal officiel, tous les gouvernements de la République, la Convention comme la royauté, eurent leurs journaux officieux, qu'ils subventionnaient d'une ou d'autre façon.

Après les corps constitués, c'étaient, nous l'avons dit, les assemblées de district, c'étaient les clubs, c'étaient les cafés, sortes de clubs au petit pied, qui s'arrogeaient le droit de morigéner, voire de châtier les journaux. La pièce suivante, que nous abrégeons, suffirait à elle seule pour peindre ce que nous pourrions appeler la condition sociale de la presse :

Les patriotes du café Zoppi, vulgairement dit Procope, profondément affligés de la licence des auteurs de la partie politique du *Mercure de France*, etc.; convaincus... qu'ils ne respirent que meurtres, qu'ils voudraient, s'il était possible, imprimer leurs feuilles avec le sang des meilleurs citoyens ; justement alarmés des maux que peuvent causer dans les départements ces papiers infâmes ;... mais persuadés que l'humanité doit être la base du patriotisme ; que les moyens de rigueur sont les derniers à employer pour rappeler au devoir ; se rappelant que ces libellistes, dont cependant on ne prononce le nom qu'avec horreur, sont des hommes, et, par conséquent, leurs frères ; voulant bien croire enfin que leur erreur est plutôt l'effet de l'aveuglement que d'un crime volontaire ;

Ont arrêté unanimement qu'il serait député aux rédacteurs des feuilles incendiaires ci-dessus nommées plusieurs membres de la Société patriotique dudit café, à l'effet de les ramener dans le bon chemin par des paroles de paix.

La *Chronique de Paris*, à laquelle nous empruntons cette pièce, ajoute que cet arrêté reçut son exécution; que les libellistes avaient été trouvés chez eux et admonestés, mais que les orateurs s'étaient montrés aussi modérés dans leurs gestes qu'énergiques dans leurs propositions; que la péroraison de chaque discours avait fini par la menace aux susdits hurleurs aristocrates, s'ils ne venaient pas à résipiscence, comme une conduite aussi fraternelle devait le faire espérer, de les faire promener dans Paris sur un âne, la face tournée du côté de la queue.

Parfois le café Zoppi allumait, le soir, un feu devant sa porte, et y jetait quelque feuille « aristocrate ». Ces *brûlures*, d'ailleurs, étaient un divertissement fort à la mode, que les petits cafés se donnaient volontiers à l'imitation des grands, et, si l'on en jugeait par les quelques comptes-rendus que nous en ont transmis les journaux, — comptes-rendus évidemment rédigés par les acteurs eux-mêmes et publiés à leurs frais, — et d'après les procès-verbaux qui en étaient solennellement dressés, les choses se seraient passées avec un sérieux auquel on a vraiment quelque peine à croire quand on se rappelle les lieux et les acteurs.

Et ce n'étaient pas seulement leurs opinions politiques qui exposaient les écrivains à ces exécutions populaires. Par exemple, il n'était pas permis à un critique de trouver mauvaise une pièce que le parterre avait applaudie.

Il est arrivé hier aux Italiens, lit-on dans la *Chronique* encore, sous la signature de Fiévée, une scène qui prouve combien le public est jaloux d'user des droits que lui donne la liberté des théâtres, et au théâtre. M. Ducray-Duminil, rédacteur du journal ci-devant privilégié nommé les *Petites Affiches*, s'était permis de trouver la pièce et la musique de *Paul et Virginie* détestables. Le public, seul juge en pareil cas, ayant manifesté, à la première représentation, le plaisir qu'il y éprouvait, a trouvé qu'il y avait de l'impudence à ce journaliste de vouloir lui prouver qu'il avait eu tort d'applaudir et de s'amuser sans son consentement. Après le spectacle il a exigé que cette feuille fût déchirée sur le théâtre, et Mme Saint-Aubin a été l'exécuteur de sa justice.

Une autre fois, c'était une députation de la Société des Défenseurs de la République qui allait dénoncer — préventivement — à la commune la tragédie d'*Hécube,* dont la représentation était annoncée par le théâtre de la Nation.

De temps en temps ces redresseurs de torts allaient accomplir leurs exploits au domicile des journaux. Ainsi, un jour, une bande de jeunes citoyens se transporte chez Gattey, libraire, au Palais-Royal ; ils commencent par purifier cet antre infernal de l'aristocratie, infecté du souffle des mauvais citoyens, par des fumigations de vinaigre et de sucre ; puis, faisant main-basse sur tout ce qu'ils trouvent des *Actes des Apôtres*, ils en font un feu de joie ; et, en se retirant, ils signifient audit Gattey que le premier aristocrate qu'ils rencontreraient chez lui serait plongé dans le bassin du Palais-Royal, pour y recevoir un *baptême patriotique*.

Trop heureux encore les journalistes si cela se fût borné à ces jeux relativement innocents ; mais ils furent trop souvent victimes des plus déplorables excès. Ainsi, dans la nuit du 9 au 10 mars 1793, une bande d'hommes armés de pistolets, de sabres et de marteaux, se présente à neuf heures du soir chez Gorsas, rédacteur du *Courrier des départements*, rue Tiquetonne, enfonce les portes, brise les casses et les presses de son imprimerie, et met le feu à la maison ; puis elle va renouveler la même scène aux bureaux de la *Chronique*, rue Serpente, et ce n'est que par miracle que Gorsas et Fiévée échappent à la mort qu'ils leur destinaient.

En somme, on le voit, la liberté illimitée dont jouissait la presse pendant la Révolution était singulièrement tempérée par cette loi de Lynch, bien propre, ce me semble, à faire regretter la vraie loi, si sévère qu'elle puisse être.

Le grand mouvement de la presse eut lieu surtout en 1789 et 1790. L'année 1789, ou plutôt la dernière moitié de cette année, ne vit pas naître moins de 250 journaux ou écrits affectant les allures du journal ; j'en ai compté plus de 350 en 1790. Le mouvement se ralentit un peu en 1791 ; il reprend une nouvelle activité au commencement de 1792, mais il est violemment interrompu par les évènements du 10 août, qui mettent hors de combat les journaux royalistes et constitutionnels. Deux jours après la nuit mémorable où elle avait déclaré que « le salut public exigeait qu'elle s'emparât de tous les pouvoirs », la commune de Paris décrétait que « les empoisonneurs de l'opinion publique, tels que les auteurs des divers journaux contre-révolutionnaires, seraient arrêtés, et que leurs presses, caractères et instruments seraient distribués entre les imprimeurs patriotes ». Il était temps pour ceux-ci, si l'on en croit les

Révolutions de Paris. Le papier, paraît-il, allait manquer, et cette disette, machinée par les ennemis domestiques qui y avaient soupçonné un moyen de contre-révolution, lent, mais sûr, devait nécessairement amener la disparition des journaux républicains, et livrer le peuple au dernier occupant : donc, concluait ce papetier patriote, la contre-révolution forcée, et tout à l'heure, rien qu'avec le papier devenu rare et hors de prix.

Quoi qu'il en soit, la lutte, de ce moment, se condense entre la Montagne et la Gironde. Celle-ci tombée, la parole est aux seuls jacobins. Le 9 thermidor rend à la presse sa liberté, et les journaux vont se multipliant, sous le Directoire, jusqu'au 18 fructidor, la Saint-Barthélemy des journalistes. Dès le lendemain de ce coup d'État, une soixantaine de journaux étaient supprimés, et leurs rédacteurs condamnés à la déportation; les survivants étaient placés sous la surveillance de la police, qui, « ne pouvant surveiller ce qu'elle ne connaissait pas, jugea nécessaire que les journalistes, tant de Paris que des départements, fissent passer régulièrement deux exemplaires de leurs journaux au ministre de la police et deux au Directoire exécutif. »

En résumé, j'ai compté, de 1789 à 1800, environ 1,400 journaux ou écrits périodiques. Presque tous étaient de format in-8°, ou même in-12. La plupart ne paraissaient qu'une ou deux fois par semaine, et formaient de petites brochures, qui variaient de deux à quatre ou cinq feuilles. Quelques-uns seulement paraissaient tous les jours; mais ceux-là ne donnaient que huit pages, rarement douze. Le prix d'abonnement était de 9 à 18 livres par trimestre. Ajoutons que beaucoup de ces brochures n'avaient, des éléments qui constituent le journal, que la numérotation, laquelle, souvent, n'allait pas plus loin que le n° 1.

Les gazettes, les feuilles de nouvelles, les vrais journaux enfin, — en tête desquels il faut citer le *Journal de Paris*, qui s'était complètement transformé, et la *Chronique de Paris*, — avaient conservé le format in-4°, plus ou moins grand, plein ou à deux colonnes. Mais ce format même était encore bien étroit pour les circonstances; aussi l'abondance des matières avait-elle bientôt forcé les feuilles que nous venons de nommer, et quelques autres encore, à publier des suppléments quotidiens, consacrés d'abord aux spectacles et aux annonces, mais qui devinrent ensuite une sorte d'arène publique, où toutes les opinions, même les plus opposées à celle du journal, pouvaient se produire et se combattre, — en payant. C'était là, pour les éditeurs, une source de revenu considérable; les annonces seules étaient bientôt venues assez nombreuses pour qu'on fût souvent obligé de doubler les suppléments. La colonne, au *Journal de Paris* et à la *Chronique*, coûtait 18 livres; les articles au-dessous de dix lignes, 3 livres, — et les lignes n'étaient pas larges, ni longues les colonnes. Le *Moniteur* faisait payer un supplément d'une demi-feuille 720 livres, 125 livres la colonne, 26 sous la ligne. Il est vrai que le *Moniteur* était in-folio, et il était à peu près le seul de ce format; son éditeur, le fameux Panckoucke, avait « cru faire une chose agréable au public en lui proposant et en publiant le *premier une gazette ou papier-nouvelles* à la *manière anglaise*, qui paraîtrait tous les jours », et ce format inusité avait valu à ce « papier gigantesque », à ce « journal patagon », dont « on pouvait avec trois numéros faire un paravent », les quolibets de tous les petits.

Disons tout de suite que c'est seulement au commencement de ce siècle que l'in-folio devint le format en quelque sorte normal des journaux politiques. Les frères Bertin ayant acheté, en 1799, la propriété d'un *Journal des Débats et Décrets*, in-8°, qui existait depuis une dizaine d'années, sans qu'on pût soupçonner les destinées brillantes qui l'attendaient, commencèrent par lui donner le format in-4°, puis, après quelques jours, ils l'augmentèrent d'un appendice, ils l'allongèrent, si je puis ainsi dire, d'une partie nouvelle, qui prit le titre, qu'elle a toujours porté depuis, de *Feuilleton du Journal des Débats*; et il en fut fait d'abord deux tirages, le tirage ordinaire, in-4°, sans le feuilleton, et un tirage in-folio, avec le feuilleton. Peu de temps après l'in-folio devint le format unique et définitif.

Les autres journaux furent obligés, sous peine de mort, de suivre l'exemple, d'adopter cette innovation, et les ambitieux durent même tenter de la perfectionner. Ainsi quelques années après le *Publiciste* disposait son feuilleton tantôt longitudinalement, tantôt transversalement en tête du numéro, et toujours de façon qu'il pût en être détaché. Depuis lors, de nombreuses tentatives ont été faites pour séparer la partie littéraire des journaux de leur partie politique et permettre de la collectionner; mais aucune de ces tentatives, plus ou moins ingénieuses, n'a complètement réussi.

Le journal est dès lors constitué dans toutes ses parties essentielles; il ne lui reste plus qu'à développer son envergure et à étendre son vol. Il ne le pourra faire qu'avec le secours de la science, qui ne lui viendra qu'assez lentement. En attendant, il lui faudra combattre pour son existence même, et surmonter bien des obstacles. Nous l'avons dit en commençant, nous n'avons point à parler ici de ces grandes luttes pour la liberté de la presse qui ont marqué les premières années de ce siècle ; nous n'avons à nous occuper que de la personnalité du journal, si l'on pouvait ainsi dire, à voir comment il a passé à travers toutes ces épreuves. Nous le ferons aussi brièvement que possible, pressé que nous sommes par l'espace.

LE JOURNAL SOUS LE CONSULAT ET L'EMPIRE

Le Directoire avait fait à la presse de profondes blessures ; le Consulat lui porta le dernier coup. Un arrêté du 17 janvier 1800, « considérant qu'une partie des journaux qui s'imprimaient dans le département de la Seine étaient des instruments dans les mains des ennemis de la République », réduisit le nombre des journaux parisiens à 13 ; tous les autres, au nombre de 73, furent supprimés, à l'exception de ceux qui s'occupaient exclusivement des sciences, arts, commerce, annonces et avis, et il était ordonné au ministre de la police de veiller à ce qu'il ne s'en imprimât aucun nouveau.

Fiévée reproche quelque part au ministre de la police, Fouché, que le décret du 17 janvier chargeait spécialement de son exécution, de s'être montré trop facile, trop complaisant ; cependant, durant les quatorze à quinze années du Consulat et de l'Empire, je n'ai pu trouver la trace que d'une soixantaine de journaux à peine. Un tableau, dressé par ordre du premier consul, des ouvrages périodiques et par souscription expédiés par la poste pendant le mois de germinal an XI, avec le nombre présumé de leurs abonnés dans les départements (non compris les envois affranchis par état), contient 68 journaux et recueils de toute nature, dont 15 paraissant tous les jours, et réunissant ensemble, dans les départements, 40,000 abonnés. Si l'on admet que Paris, à lui seul, en fournît autant, la clientèle des journaux parisiens se serait élevée à 80,000 souscripteurs environ. Le journal le plus florissant alors est le *Journal des Débats*, qui envoie en province 8,150 numéros ; après lui vient la *Gazette de France*, qui en envoie 3,250.

Cette grande supériorité, les *Débats* la devaient, en grande partie, à cet appendice dont nous parlions tout à l'heure, à leur feuilleton. Ce feuilleton — quotidien, — appelé à une si grande célébrité, et que les autres journaux adoptèrent l'un après l'autre, eut d'abord des allures on ne peut plus modestes. La critique, la littérature, n'y occupaient, dans l'origine, qu'une très petite place. C'était une sorte d'annexe, de supplément, ayant beaucoup d'analogie avec ceux que nous avons vu publier par le *Journal de Paris* et la *Chronique*, et presque exclusivement consacré au programme des théâtres, et à des annonces de toute sorte, agrémentées alternativement d'une charade, d'une énigme, d'un logogriphe, ou simplement d'un quatrain. Mais bientôt cette annexe avait pris, dans les mains de Geoffroy, une importance dont on se ferait difficilement une idée aujourd'hui. Au léger bagage de l'origine, le célèbre critique ajouta successivement des éphémérides politiques et litté-

raires, qui ne se bornaient point à l'énonciation
des faits, mais qui étaient généralement des notices substantielles sur les hommes et les choses
qu'elles rappelaient; des comptes-rendus d'ouvrages, quelques articles variétés, puis l'analyse de
toutes les pièces nouvelles à mesure qu'elles se
produisaient sur la scène. Enfin la littérature ancienne et moderne, l'histoire, la philosophie, la
morale, la politique, tout rentra dans le feuilleton.
La liberté, qui n'existait pas à cette époque, pour
la presse, dans la partie politique proprement dite,
la liberté, qui n'existait plus au premier étage du
journal, qu'on nous passe ce terme, se réfugia
dans le rez-de-chaussée de Geoffroy. De là elle dit
tout ce qu'elle voulait dire, tout ce qu'il fallait
dire. Les plus hautes questions politiques s'y agi-
taient, en dépit même de l'autocrate, sous la forme
d'éphémérides politiques et littéraires, ou sous le
prétexte d'une mauvaise tragédie.

On a reproché, entre autres choses, à Geoffroy,
sa continuelle adulation pour Napoléon, et tout le
monde connaît cette épigramme à deux tranchants,
dont l'énergie ingénieuse peut faire excuser le cynisme :

Si l'empereur faisait un pet,
Geoffroy dirait qu'il sent la rose,
Et le Sénat aspirerait
A l'honneur de prouver la chose.

Nous ne savons si c'était, chez Geoffroy, con-
viction ou calcul. Les grandes choses que Napoléon accomplissait à cette époque étaient bien de
nature à exciter l'admiration; mais peut-être aussi
l'habile critique, qui attaquait tant de personnes
et tant de choses, voulait-il mettre ses attaques à
l'abri du panégyrique du maître; peut-être ne

fut-ce qu'à cette condition que les *Débats* purent tout penser et tout dire contre les hommes et les idées de l'école révolutionnaire. Quoi qu'il en soit, le feuilleton de Geoffroy, ce compte-rendu sans façon, vif, alerte, moqueur, ingénieux, savant, fut de plus en plus goûté, et le *Journal des Débats*, devenu *Journal de l'Empire,* eut bientôt 32,000 abonnés dans cette grande France que lui faisait Napoléon.

Mais cette fortune du journal des Bertin devait éveiller bien des convoitises, en même temps que ses doctrines lui suscitaient de redoutables inimitiés. C'était, en effet, une belle proie que le *Journal des Débats :* deux cent mille francs annuels de bénéfices tentaient de hautes cupidités. Fouché, qui occupait alors le ministère de la police, devint le centre de la conspiration tramée contre l'existence du trop heureux journal. On cherchait à alarmer le chef de l'État sur son influence, sur le nombre de ses lecteurs, sur la tendance de ses doctrines. On obtint enfin, vers le milieu de l'année 1805, qu'un censeur lui fût imposé. Ce fut le commencement d'une série de persécutions qui aboutirent enfin à la plus criante spoliation.

Par un décret du 18 janvier 1811, la propriété du *Journal des Débats* fut tout simplement confisquée et réunie au domaine de l'État. Il en fut formé vingt-quatre parts, dont huit furent attribuées à la police générale et les seize autres réparties entre quelques hommes de lettres et des personnes de la cour. Et ce n'est pas tout. La propriété du journal était grevée de pensions et de rentes concédées à des tiers à titre onéreux : elles furent confisquées comme la propriété même ; on cessa de les payer. Tout fut pris comme un butin de guerre, jusqu'a l'argent qui était en caisse, jusqu'au papier en magasin, jusqu'aux meubles qui garnissaient le bureau de la rédation. Jamais spoliation ne fut plus complète.

Les considérants du décret qui consomma cet acte inouï de bon plaisir et de violence méritent d'être rapportés ; on verra qu'il n'est plus question cette fois de menées hostiles, on ne cherche plus de prétextes :

Considérant, est-il dit, que les produits des journaux ou feuilles périodiques ne peuvent être une propriété qu'en conséquence d'une concession expresse faite par nous ;

Considérant que le *Journal de l'Empire* n'a été concédé par nous à aucun entrepreneur ; que les entrepreneurs actuels ont fait des bénéfices considérables, par suite de la suppression de trente journaux, bénéfices dont ils jouissent depuis un grand nombre d'années et qui les ont indemnisés bien au delà de tous les sacrifices qu'ils peuvent avoir faits dans le cours de leur entreprise ;

Considérant, d'ailleurs, que non seulement la censure, mais même tous les moyens d'influence sur la rédaction d'un journal, ne doivent appartenir qu'à des hommes sûrs, connus par leur attachement à notre personne, et par leur éloignement de toute correspondance et influence étrangère ;

Nous avons décrété...

On comprendra, après cela, les colères des *Débats* de la Restauration contre « l'ogre de Corse ».

Ce ne fut pourtant pas là un acte isolé, particulier au *Journal des Débats*. C'était une mesure générale, un système, une sorte de consolidation de la presse politique. Elle atteignit tous les journaux, notamment le *Journal de Paris*, dont les propriétaires alors étaient le comte Rœderer et le duc de Bassano, deux hauts fonctionnaires du gouvernement impérial, qui furent traités absolument comme les Bertin. Le *Journal de l'Empire* eut seulement l'honneur, qui lui revenait de droit, d'être frappé le premier. Par un décret daté de Compiègne le 17 septembre 1811, le nombre des journaux quotidiens de Paris s'occupant de nouvelles politiques fut réduit à quatre : le *Moniteur*, le *Journal de l'Empire*, la *Gazette de France* et le *Journal de Paris*, et ceux de la province à un par département.

A son retour de l'île d'Elbe, Napoléon, pour nous servir des expressions du *Mémorial de Sainte-Héléne*, « abandonna la presse à tous ses excès, convaincu que l'interdiction ou la restriction de cette liberté, dans un gouvernement représentatif comme il en voulait établir un, était une anomalie choquante, une véritable folie. » Mais ces velléités libérales venaient trop tard. 20 journaux, néanmoins, dont le *Constitutionnel*, s'ajoutèrent durant les Cent jours à ceux qui existaient déjà.

LE JOURNAL SOUS LA RESTAURATION

Je ne sais quelles destinées sont réservées à la presse, mais on peut douter qu'elle retrouve jamais ses beaux jours de la Restauration. Quelles luttes alors, et quels athlètes ! « Après quinze ans de silence, la France se précipitait tout entière vers les discussions de la tribune et de la presse, a dit M. de Sacy ; elle s'enivrait de ses institutions. » Jamais aussi le journal ne joua un si grand rôle, jamais il n'exerça une si puissante influence. On ne saurait imaginer aujourd'hui avec quelle impatience un numéro de la *Minerve* ou du *Conservateur* était attendu ; plus tard, sous une législation plus favorable, il y eut tel article du *Journal des Débats* qui devint un évènement.

Les Bourbons, cherchant à s'établir sur les ruines de l'Empire, avaient dû nécessairement en prendre le contrepied, et faire briller aux yeux de la nation, fatiguée de guerre et de despotisme, la paix et la liberté. La liberté de la presse, notamment, avait été solennellement proclamée ; mais on n'avait pas tardé à apporter à cette libéralité d'étroites restrictions, facilement justifiées par les circonstances. De là cette lutte ardente de quinze années, qui finit par la chute des Bourbons. On la peut diviser en trois phases distinctes :

De 1815 à 1819, il y a lutte de l'autorité contre la liberté. Louis XVIII était revenu avec les intentions les plus libérales ; mais il n'en était pas ainsi de son entourage. Les journaux sont d'abord soumis à la censure, puis à l'autorisation préalable ; ils ont à lutter contre les tracasseries de la police et la résistance des parquets. Mais ils luttent courageusement ; au mauvais vouloir ils opposent la ruse ; on invente les recueils *semi-périodiques,* c'est-à-dire à périodicité irrégulière, échappant ainsi aux atteintes de la police et du fisc. En résumé, et malgré toutes les entraves, la presse, soutenue par l'opinion, prend durant cette période un grand développement, et concourt efficacement à l'établissement du régime constitutionnel et à l'affermissement de la liberté.

En 1819, elle finit par obtenir une place légale dans les institutions du pays ; elle est débarrassée de ses entraves préalables. Une nouvelle législation impose aux journaux un cautionnement et un directeur responsable, les peines qu'elle édicte

sont rigoureuses ; mais on échappe à l'arbitraire ;
la concurrence succède au monopole. C'était, pour
la presse périodique, l'ouverture d'une ère nouvelle, féconde en résultats ; malheureusement elle
ne fut pas de longue durée.

Dès l'année suivante l'assassinat du duc de
Berry est le prétexte d'une réaction, qui se traduit par le rétablissement de la censure, appliquée
cette fois aux écrits périodiques de toute nature ;
par la loi de *tendance*, qui s'en prenait, non plus
au fait, mais à l'intention présumée, et qui donna
lieu à des procès retentissants ; enfin, et en déses-
poir de cause, par une tentative d'amortissement
des journaux, qui doit nous arrêter quelques instants.

Le ministère Villèle n'avait pas tardé à s'aper-
cevoir que sa fameuse loi de tendance ne le con-
duirait pas au résultat qu'il avait espéré. D'ailleurs, les journaux de l'opposition libérale n'étaient
pas les seuls qui l'attaquassent ; ceux de la contre-
opposition royaliste lui faisaient une guerre non
moins vive et peut-être encore plus redoutable. On
ne pouvait guère songer à intenter à ces feuilles
des procès de tendance, l'exagération même de
leur royalisme les protégeait contre les atteintes
du parquet. Ne pouvant donc ni les suspendre ni
les éteindre par autorité de justice, le ministère
résolut de les acheter, de les *amortir*, comme on
dit alors. Le plan de cette opération financière,
d'un genre tout nouveau, était des plus simples.
Il existait à Paris, à cette époque, dix ou douze
journaux politiques, dont la propriété se divisait en
plusieurs parts. Or, si on parvenait à acheter et
à placer en mains sûres la majorité de ces parts,
et si, en même temps, toute autorisation de créer
un nouveau journal était systématiquement refu-

sée, on devenait, sans bruit, maître de la presse politique. A cet effet, un fonds considérable, que La Bourdonnaye, dans la séance du 12 juillet 1824, évaluait à plus de 2 millions, fut formé à l'aide de capitaux fournis par la liste civile, par les fonds secrets de la police, des ministères de l'intérieur et des affaires étrangères, et l'on se mit ardemment à l'œuvre. Un certain nombre de journaux de la contre-opposition royaliste furent successivement amortis, et placés sous la direction d'un député. Cela fait, on choisit parmi ces journaux ceux qui devaient être maintenus, et on leur assigna à chacun un rôle particulier. Ainsi la *Gazette* devait être franchement ministérielle; le *Journal de Paris* devait conserver une couleur semi-libérale. Quant au fougueux journal de Martainville, *le Drapeau blanc*, il avait paru nécessaire de lui laisser « une certaine liberté d'allure et même une nuance d'exagération » : autrement, disait-on, il n'aurait pas gardé sa clientèle. Le secrétaire du comité, Jules Mareschal, dans un rapport qu'il fit aux bailleurs de fonds de la caisse, et qu'on peut lire dans le tome VIII des *Mémoires* de La Rochefoucauld, se montre à cet égard d'une parfaite franchise : « Nous irons presque jusqu'à penser, disait-il, que le *Drapeau blanc* pourrait parfois se permettre d'outrer la critique; on empêcherait ainsi l'opposition royaliste de chercher un autre organe. »

Ce que coûta cette étrange opération, il est assez difficile de le savoir. Attaqué sur ce terrain, Villèle opposa une vive dénégation, prétendant que « le gouvernement ne soutenait pas de journaux avec les fonds de l'État. » — « Il est cependant, repartit un député, Méchin, une puissance quelconque qui a voulu acheter non seulement les journaux, mais encore les procès intentés contre les journaux. L'*Oriflamme*, dit-on, a été acheté 400,000 fr., et il n'avait pas quarante abonnés : ce fait est constaté par un jugement. Le *Journal de Paris* a été acheté 500,000 fr. : il avait alors 7,000 abonnes; mais depuis qu'il est tombé dans les mains qui l'ont acheté, il ne fait plus ses frais, et coûte 100,000 fr. par an à ses possesseurs mystérieux, etc. » On comprend qu'on ait varié sur ces chiffres. Une brochure publiée vers la fin de 1830, sous le titre de *Manuscrits authentiques trouvés aux Tuileries le 20 juillet,* et qui prétend donner des renseignements certains sur les sommes dépensées dans les dernières années de la Restauration pour acheter ou soutenir des journaux, ne les porte pas à moins de cinq millions. Dans le tableau qu'elle en a dressé, le *Journal de Paris* figure pour la somme énorme de 984,933 fr. 96 c.

Quoi qu'il en soit, tout semblait aller au gré de « cette espèce de bande noire, comme disait Chateaubriand, qui s'était formée pour démolir la liberté de la presse et niveler toutes les opinions ». Le nombre des journaux indépendants diminuait chaque jour. Il en restait un cependant dont la possession paraissait nécessaire à la quiétude ministérielle. C'était la *Quotidienne,* l'organe le plus important de la contre-opposition royaliste, et l'une des feuilles qui gênaient le plus; mais tous les efforts de la camarilla échouèrent contre la noble fermeté de Michaud, qui, violemment dépossédé, fut réintégré par la cour royale dans la possession de la feuille qu'il dirigeait depuis plus de trente ans. On se ferait difficilement une idée du bruit que fit cette affaire, du scandale produit par les révélations du procès auquel elle donna lieu, procès devenu, selon l'expression du *Journal des Débats,* « le 9 thermidor de la contre-révolution ». .

Irrité par ces échecs réitérés, le ministère fit présenter à la Chambre cette fameuse loi qu'une juste vengeance de l'opinion surnomma *loi de justice et d'amour*, en représailles de l'éloge burlesque qu'on en avait fait, mais qui n'allait à rien moins qu'à l'anéantissement de l'imprimerie en France. La discussion de cette loi *vandale,* comme la qualifia Chateaubriand, ne dura pas moins d'un mois à la Chambre des députés, et elle finit par être adoptée, malgré les efforts désespérés de la gauche, soutenue par la phalange anti-ministérielle de l'extrême droite. Mais la Chambre des pairs s'y montra si ouvertement hostile, que le ministère, craignant un échec, prit le parti de la retirer. Tous les journaux de l'opposition, royalistes comme libéraux, poussèrent, à cette nouvelle, un immense cri de joie. De nombreuses colonnes d'ouvriers imprimeurs, précédées de drapeaux blancs, parcoururent les rues, aux cris de « Vive le roi! Vive la Chambre des pairs! Vive la liberté de la presse! » Paris entier illumina et présenta un spectacle de fête tel que n'en ont jamais offert les solennités officielles. L'allégresse ne fut pas moindre dans les autres villes, et elle s'y manifesta sous toutes sortes de formes. La victoire la plus éclatante sur l'ennemi n'aurait pas excité plus d'enthousiasme.

Devant cette explosion de l'opinion publique, Villèle devait finir par céder; mais ce ne fut pas sans avoir épuisé les derniers moyens de résistance.

Une des premières préoccupations du ministère Martignac fut de porter remède à une situation si tendue. Une loi de 1828 abolit la censure, le monopole et la tendance. C'était, dans la voie de la liberté, un premier pas qui en eût amené d'autres ; mais d'imprudentes exigences firent échouer cet essai de conciliation entre l'autorité régulière de la couronne et l'esprit légitime de la révolution, et amena l'avènement du ministère Polignac. Ce fut le signal d'un duel à mort, qui se termina par les journées de juillet et le triomphe de la liberté.

Voici les quelques données que j'ai pu recueillir sur le mouvement de la presse durant cette période de quinze années.

Une notice contemporaine porte le nombre des journaux publiés à Paris en 1818 à 150, dont 8 journaux politiques quotidiens, 62 journaux ou recueils mixtes, de politique, de littérature et d'arts, et 5 en langues étrangères ou mortes : 1 portugais, 3 anglais et 1 latin, l'*Hermes romanus*, recueil de prose et de vers dans tous les genres, même dans le genre macaronique : c'est là, par exemple, que se trouve la fameuse élégie sur la mort de Michel Morin, dont tous ceux qui ont passé par les lycées se rappellent au moins cette onomatopée légendaire :

De brancha in brancham degringolat atque facit pouf.

Parmi les rédacteurs, je dirai plus volontiers les approvisionneurs de cet honnête *Mercure*, qui fournit relativement une carrière assez longue, — 1816-1819, 6 vol. in-12, — et d'où s'exhale un parfum de jeunesse qui vous reporte au bon temps du collège — d'autrefois, plusieurs sont devenus célèbres dans l'Université, et même sur un théâtre plus élevé ; nous nommerons : de Wailly, Filon, Jauffret, Bignon, Luce de Lancival, Le Clerc, Quicherat, Naudet, et..... S. M. Louis XVIII.

On connaît le goût de ce prince pour les lettres.

Plus d'une fois, alors qu'il n'était encore que comte de Provence, il avait consacré ses loisirs au journalisme. « De tout temps, lit-on dans les *Souvenirs d'un sexagénaire* de l'académicien Arnault, qui fut longtemps secrétaire de son cabinet, de tout temps ce prince rechercha les succès littéraires, faisant de l'esprit sous l'anonyme dans les journaux, comme on en fait au bal sous le masque. Il glissait de temps à autre, soit dans la *Gazette de France*, soit dans le *Journal de Paris*, de petits articles, de petites lettres, dans lesquels il attaquait à la sourdine tel homme qui ne s'y attendait guère, sauf à se venger en prince de l'imprudent qui l'attaquait comme auteur. Et chose curieuse, c'est que le canard, le vrai canard renforcé, tel qu'on n'ose plus le faire, le canard vampire, le canard monstre marin, est une invention du royal mystificateur. »

Revenu en France, et peu gêné par son titre de roi, qu'il porta, comme on sait, assez bourgeoisement, Louis XVIII n'eut rien de plus pressé que de reprendre ses petites habitudes littéraires. Il tenait à faire voir que sa plume était toujours finement taillée et que la pointe ne s'en était pas émoussée dans l'exil. Le monstre était déjà une spécialité usée, il se garda donc bien de le ressusciter ; il fit mieux, il styla quelques jolis articles bien aiguisés et bien méchants, et, pour les envoyer à leur véritable adresse de notes fines et spirituelles, il les faisait jeter dans la bouche de fer du *Nain jaune*, le *Figaro* de l'époque. Cette auguste collaboration nous a été révélée par Merle, qui dirigeait alors cette petite feuille, en compagnie de Cauchois-Lemaire.

La pensée du *Nain Jaune*, écrit-il dans ses *Trente*

ans de souvenirs, fut de nous moquer du ridicule de
tous les partis, de flétrir toutes les lâchetés et toutes
les défections, de relever la gloire de la France en
présence des baïonnettes étrangères, et de rire aux
dépens des prétentions exagérées, — et ils le faisaient
par la plume et par le crayon, et par de folles inventions, comme celles de l'ordre de l'Eteignoir et de
l'ordre des Girouettes. — Dans ces attaques, nous
avions pour auxiliaire Louis XVIII, qui fut un de nos
premiers abonnés, qui lisait avec empressement tous
nos numéros, qui en riait de bon cœur, et qui nous
envoya plusieurs fois des articles très bien tournés,
fort spirituels et passablement malins, écrits de sa
main royale, et qui nous arrivaient par la Bouche de
fer, nom que nous avions donné à une boîte placée à
la porte du cabinet littéraire de Cauchois-Lemaire.

On ne s'étonnera pas après cela que Louis XVIII,
qui était, d'ailleurs, un latiniste passionné, ait
favorisé l'éclosion de l'*Hermes romanus* et l'ait ho-
noré de sa collaboration.

Un rapport adressé au ministère nous apprend
quelle était en 1824 la situation exacte de la
presse parisienne. Le gouvernement avait pour lui
6 journaux, qui comptaient ensemble 14,344 abonnés, savoir : le *Journal de Paris*, 4,175 ; l'*Étoile*,
2,7409 ; la *Gazette*, 2,370 ; le *Moniteur*, 2,250 ; le
Drapeau blanc, 1,900 ; le *Pilote*, 900. L'opposition
avait également 6 journaux : le *Constitutionnel*,
qui réunissait à lui seul 16,250 abonnés ; le *Journal des Débats* en comptait 13,000 ; la *Quotidienne*, organe de la contre-opposition de la
droite, 5,800 ; le *Courrier français*, 2,975 ; le *Journal du commerce*, 2,380 ; l'*Aristarque*, 925 ; total,
41,330. Différence en faveur de l'opposition, 26,986 ;
à la fin de 1825 cette différence était montée à
plus de 31,000. Et encore, ajoutait le même rap-

port, « si le nombre des abonnés est grand aux
journaux de l'opposition, le nombre des lecteurs
est immense, à cause des abonnements collectifs,
des cafés, des cercles, des cabinets de lecture. Il
arrive, au contraire, tous les jours, des voyageurs
qui ont parcouru des départements entiers sans
rencontrer un seul journal favorable au pouvoir. »

On voit que le *Journal des Débats,* qui comptait
dans sa rédaction des écrivains comme Chateaubriand, Guizot, Salvandy, Fiévée, Féletz, etc.,
n'occupait plus que le second rang ; son influence
néanmoins était grande encore, et son opposition,
pour être moins directe que celle du *Constitutionnel,* qui, lui, attaquait de front la monarchie légitime, ne contribua pas moins à la chute de la
Restauration. Mais les plus grandes sympathies
étaient pour cette dernière feuille, dont la popularité était immense. Créée avec quelques actions
de mille francs, dont le capital n'avait même pas
été complètement versé, elle voyait bientôt le chiffre de ses abonnés s'élever à 22,000, nombre alors
considérable, et celui de ses bénéfices annuels à
600,000 francs. « La république constitutionnelle
de la rue Montmartre, dit un petit journal du
temps, le *Masque de fer*, était gouvernée, à cette
époque, par trois dictateurs, qui exerçaient chacun à son tour le pouvoir suprême et absolu : Jay,
Evariste Dumoulin et Etienne. Autour de ces trois
rédacteurs principaux venaient se grouper l'ex-
professeur Tissot, le caustique Cauchois-Lemaire,
le nébuleux Sénancourt, Alexandre de Lameth,
qui commandait la brigade des vieux constituants;
Gilbert des Voisins, qui partageait avec Lanjui-
nais le commandement de la division des jansé-
nistes;... le Provençal Thiers, qui écrit l'*Histoire
de la Révolution* chez M. de Lafayette, avec les

Esquisses de Dulaure, et qui va écouter au piquet de M. Laffitte, pour faire le financier... » C'est, en effet, au *Constitutionnel* que M. Thiers fit ses premières armes dans le journalisme, en 1821, sous les auspices de Manuel.

D'un débat qui eut lieu à la Chambre des députés en février 1827 au sujet d'un tarif postal, il ressort qu'il y avait à ce moment 132 journaux ou publications périodiques, dont 84 étaient transportés par la poste, les autres ne circulant que dans Paris. Les journaux politiques étaient au nombre de 16, dont 13 quotidiens.

A l'occasion de ce débat, Villèle, pour justifier son projet, fut amené à entrer, sur les forces de la presse et la situation privée de certains journaux, dans des détails peu parlementaires assurément, mais fort intéressants pour notre sujet :

Voulez-vous savoir, dit-il en substance, quels sont les bénéfices des journaux, et s'ils peuvent supporter la taxe proposée? Pour un journal qui a 20,000 abonnés — et il en est qui les ont, — les frais d'impression, fourniture de papier, et tout ce qui constitue le journal tel qu'il arrive aux abonnés, s'élèvent à 158,400 fr. par an; il paie pour frais de timbre 432,000 fr. et pour frais de poste 96,000 fr. : total des frais, 686,405 fr. Le produit des abonnements est de 1,440,000 fr. Reste pour les frais de rédaction et les bénéfices 753,595 fr. — Et la mise dehors, non compris les frais de rédaction, à prendre sur les bénéfices, est de 10,000 fr. pour une presse mécanique, 7,000 fr. de caractère, et un millier d'écus pour le petit mobilier nécessaire à un bureau de journal : au total 20,000 fr. Voilà le capital nécessaire. — Après le journal dont j'ai parlé (le *Constitutionnel*), en vient un autre qui a 12,600 abonnés (les *Débats*); d'après les mêmes données, les bénéfices, frais de rédaction exceptés, sont de 458,784 fr. Pour un autre journal, qui a 6, 500 abonnés (la *Quotidienne*), ils sont de 179,906 fr. Pour un autre, qui a

4,000 abonnés (le *Journal de Paris*), ils sont de 56,158 fr. Enfin, pour d'autres, qui ont 3,000 abonnés, ils sont de 76,380 fr.

Cette ingérence dans les affaires d'entreprises privées souleva de violentes réclamations, à la Chambre et au dehors. Le *Journal des Débats* disait à ce sujet :

Quel était donc le matériel de Racine, de Montesquieu, de Michel-Ange, de Buffon, et de ce J-J. Rousseau dont le style tourne la tête même de ce jeune clergé qui tend à se préserver des ignorantins? M. de Villèle devrait bien se charger de nous l'apprendre. Si on nous demandait quel est le matériel nécessaire pour avoir les bénéfices des ministres secrétaires d'E-tat, nous répondrions qu'il ne faut pas plus de bagage que n'en possédait Adam lorsqu'il ouvrit pour la première fois les yeux dans le paradis terrestre.

J'ai nommé au courant de la plume les plus marquants des 300 à 350 journaux qui parurent de 1815 à 1830. Je veux dire encore quelques mots de ces publications semi-périodiques, c'est-à-dire à périodicité irrégulière, auxquelles j'ai fait allusion, que les ennemis de la presse baptisèrent du nom de *journaux marrons*. C'était une forme intermédiaire entre les brochures et les journaux, ayant toute la liberté des premières et presque tous les avantages des autres, et imaginée pour échapper aux lois fiscales et à la censure. C'est sous cette forme que se présenta la *Minerve*, véritable Satire Ménippée de la Restauration, que Benjamin Constant et Etienne portèrent à un si haut degré de prospérité : elle s'annonça comme un ouvrage non périodique, devant former 4 volumes, divisés en 52 livraisons, qui paraîtraient à raison de 13 par trimestre, mais à des époques indéterminées. C'est dans les mêmes conditions que fut publié le *Conservateur*, créé par le parti ultra-royaliste en opposition à la *Minerve*, et non moins célèbre, grâce à la puissance de sa rédaction : Chateaubriand, Bonald, Fiévée, Genoude, Lamennais, etc.

Citons enfin, dans les troupes légères qui prirent à cette longue mêlée une part qui ne fut pas sans quelque gloire : l'*Album*, petite feuille très spirituelle, mais très agressive, qui subit plusieurs procès, dont le retentissement appela vivement l'attention publique sur deux de ses rédacteurs, Magalon et Fontan ; le *Miroir*, qui s'appela aussi la *Pandore*, par Jouy, Arnault, Emmanuel Dupaty, Cauchois-Lemaire, une des feuilles les plus populaires de la Restauration, et qui eut l'honneur de compter Louis XVIII au nombre de ses collaborateurs ; enfin, le *Figaro*, fondé en 1826 par Maurice Alhoy et Lepoitevin Saint-Alme, autour desquels se groupa toute la jeune pléiade littéraire de l'époque : Jules Janin, Roqueplan, Léon Gozlan, Alphonse Karr, etc., etc.

LE JOURNAL SOUS LA MONARCHIE DE JUILLET

Le gouvernement de 1830, issu d'une révolution faite pour et par la presse, devait se montrer bienveillant pour elle, et il le fut presque jusqu'à la faiblesse. A aucune époque la presse n'avait eu, en France, une si grande somme de liberté. Mais les partis, pendant cinq années, en usèrent et en abusèrent au point que le gouvernement, pressé par l'inquiétude que répandaient dans le public

des émeutes périodiques, fomentées par les attaques désordonnées des journaux, dut enfin se résoudre à la résistance. Il eut d'abord recours aux
tribunaux, et s'engagea dans une série de procès,
qui ramenaient sans cesse les mêmes questions, les
mêmes scènes, souvent les mêmes accusés. La plupart de ces procès aboutirent à des acquittements
scandaleux, qui révélaient la faiblesse des jurés,
quelquefois celle des juges, et qui redoublaient
l'audace des assaillants. Un tableau, dressé en 1833,
des procès de presse intentés jusque-là par le gouvernement de juillet, en porte le nombre à 411, et
il en serait résulté 143 condamnations donnant 65
ans de prison et 350,000 francs d'amende. Un seul
journal, *la Tribune*, pendant une existence d'environ quatre années, fut l'objet, pour sa part, de
111 poursuites, qui aboutirent à 20 condamnations, formant un total de 49 années de prison et
157,630 francs d'amende.

Toutes les poursuites demeurant impuissantes
contre l'audace des partis, le gouvernement chercha son salut dans des lois plus efficaces, plus
énergiquement répressives. Il fit présenter aux
Chambres, le 4 août 1835, les lois qui sont restées
connues sous le nom de *lois de septembre*, et qui
lui furent si vivement et si longtemps reprochées.

Il faut bien reconnaître, cependant, que ces lois
n'entravèrent en aucune façon le développement
du journalisme. A quelques mois de là, en effet,
éclatait dans son sein même une révolution qui
devait avoir sur ses destinées plus d'influence que
toutes les lois passées et futures : nous voulons
parler de l'abaissement du prix du journal à
40 francs.

Jusque-là le prix élevé des journaux en avait
fait comme un objet de luxe, et le peuple, qui ne

pouvait prélever 80 francs sur son salaire annuel, était pour ainsi dire hors du journalisme. Cependant, depuis la révolution de 1830, un grand mouvement s'était opéré dans le sens démocratique ; seule, la presse restait obstinément aristocratique dans sa constitution. C'était là une sorte d'anomalie, contre laquelle protestaient tous nos grands publicistes. La presse à bon marché pouvait seule, de l'avis de tous, traverser l'opacité des masses et achever l'éducation constitutionnelle du peuple. Or, en 1835, d'après un document statistique de l'administration des postes, la presse politique centrale se composait de 20 journaux, qui comptaient ensemble dans les départements 50,200 abonnés, dont 9,000 pour les journaux ministériels et 41,200 pour les journaux de l'opposition. En ajoutant, si l'on veut, 20,000 pour Paris seul, ce qui sera évidemment exagéré, on aurait un total de 70,000 abonnés pour une population de 35 millions d'âmes !

Mais comment mettre les journaux à la portée des masses ? C'était là un problème difficile s'il en fut, qui pouvait même paraître insoluble quand on considérait, d'une part, la fiscalité de la législation à l'égard de la presse périodique, et, de l'autre, le peu d'étendue et de profondeur de l'instruction primaire en France. On sait comment M. Emile de Girardin le résolut, en créant le journal *la Presse* à 40 francs, c'est-à-dire à moitié prix des autres journaux, et, ce qui était plus étonnant, à un prix de beaucoup inférieur au prix de revient. La combinaison reposait sur les annonces, qui, mieux exploitées qu'elles ne l'avaient été jusqu'alors, appelées d'ailleurs en plus grand nombre par la plus grande publicité qu'obtiendrait infailliblement le journal à 40 fr., devaient donner un produit suffisant pour couvrir une partie des frais et constituer un notable bénéfice.

C'est le 1ᵉʳ juillet 1836 que la *Presse* parut sur le « Sinaï de la publicité, au milieu des éclairs et du tonnerre ». Grande, en effet, fut l'émotion dans le camp de l'ancien journalisme, qui ne pouvait voir de bon œil une révolution menaçant sa prospérité, son existence même. Il n'y eut qu'une voix pour critiquer les calculs du fondateur de la *Presse* et contester ses prévisions. Une vive polémique s'établit à ce sujet ; les journaux, cela devait être, furent unanimes pour combattre l'innovation et la déclarer impossible ; le doute se passionna, la discussion alla jusqu'à l'injure, jusqu'au duel même. Et chose étrange ! ce fut un journal démocratique, le *Bon Sens*, que l'on vit à la tête du mouvement, dans lequel se laissa fatalement entraîner Armand Carrel, qui crut ne pouvoir pas rester spectateur impassible d'une querelle commencée par un journal de son parti.

Nous ne voudrions pas affirmer que les beaux sentiments mis en avant par ceux qui se donnaient la mission de démocratiser la presse fussent purs de tout alliage ; mais, si cette réforme fut le résultat d'une spéculation, il faut avouer que c'était une spéculation bien entendue ; le succès, d'ailleurs, un succès aussi grand que rapide, vint lui donner raison. Au bout de trois mois la *Presse* avait déjà plus de 10,000 abonnés ; elle en comptait bientôt 20,000. Le *Siècle*, journal d'opposition basé sur les mêmes principes, qui s'adressait peut-être à des intelligences moins élevées, mais à des instincts plus vivaces, servi aussi par la mort de Carrel, qui déchaîna tant de passions contre la *Presse*, avait un succès plus grand encore : il atteignait, après quelques années, le chiffre fabuleux de 38,000 abonnés. En présence de pareils résultats, les plus obstinés détracteurs du nouveau système furent bien obligés d'entrer dans le mouvement ; seuls les *Débats* purent rester au prix de 80 francs sans compromettre leur influence ni leur prospérité.

Matériellement parlant, le problème de la presse à bon marché était donc victorieusement résolu. Mais, nous l'avons dit, à entendre les apôtres de la jeune presse, les conséquences de la réforme qu'ils apportaient ne devaient pas se borner à des résultats matériels et financiers ; ils s'en promettaient un effet moral bien autrement important. Leurs espérances, malheureusement, furent loin de se réaliser. La presse à bon marché ne pouvant vivre que par les annonces, les annonces devinrent sa grande, pour ne pas dire son unique préoccupation. Pour en obtenir une somme suffisante il lui fallait conquérir un grand nombre d'abonnés. Or la politique, qui jusque-là avait été l'essence des journaux, la politique, nourriture devenue fort creuse et de moins en moins goûtée, n'était plus un appât suffisant ; elle ne pouvait faire vivre longtemps le journalisme dans les conditions nouvelles où il s'était placé. Il chercha donc, à côté des lecteurs politiques, des lecteurs littéraires, si l'on pouvait ainsi dire. Le feuilleton revêtit alors une forme toute nouvelle : avant cette époque, la critique littéraire et artistique en avait fait à peu près tous les frais ; il devint bientôt toute ou presque toute la littérature française.

L'expédient, matériellement encore, eut un plein succès. C'est le feuilleton-roman qui a fait pénétrer le journal au foyer des plus modestes familles, et lui a créé tout un monde nouveau d'abonnés ; c'est lui qui, ouvrant ainsi à la presse de nouveaux et immenses débouchés, a facilité l'alliance de la publicité politique avec la publicité industrielle, et, lui assurant ainsi une nouvelle source de revenus, a rendu possible le bon marché de l'abonnement. Mais, une fois engagés dans cette voie, les journaux abdiquèrent de plus en plus leur ancienne autorité sur les esprits ; devenus tributaires de la foule, ils eurent plus de souci de l'amuser que de l'instruire.

Le succès même du journal, succès en vérité plus apparent que réel, ne pouvait manquer de le livrer en proie à la spéculation, qui trouvait, d'ailleurs, dans les reproches adressés à la nouvelle presse, une sorte de prétexte. Elle entassa des montagnes de chiffres sur des montagnes de raisonnements, et elle accoucha du *journal ency-clopédique*, sous la figure pantagruélique de l'*Epoque*, de bruyante mémoire, laquelle voulait faire entrer dans son cadre toutes les matières qui font le sujet de publications spéciales, et « envoyer en quelque sorte à chaque abonné, sans augmentation de prix, un cabinet de lecture à domicile ». Mais le journal encyclopédique n'était qu'une utopie, un leurre. Cependant l'*Epoque*, habilement présentée, annoncée avec le bruit qu'on sait, devait séduire la gent abonnable et trouver des chalands, ne fût-ce qu'à raison de son format. Aussi son apparition jeta-t-elle l'inquiétude parmi les autres journaux, et on les vit s'ingénier à qui mieux mieux pour résister à cette turbulente concurrence. La plupart avaient déjà agrandi leur format pour donner un plus vaste champ aux annonces ; ils l'agrandirent encore pour se rapprocher de celui de l'*Epoque*, et faire place aux améliorations qu'ils s'empressèrent de promet-

tre. Ils s'arrachèrent au prix de l'or les roman-
ciers en vogue, et le grave *Constitutionnel* poussa
la galanterie envers ses abonnés jusqu'à illustrer
son feuilleton. Enfin, les *Débats* eux-mêmes, qui
s'étaient sentis assez forts pour ne pas céder au
torrent de 1836, se crurent dans la nécessité de
faire des concessions, et sacrifièrent au dieu du
jour en ouvrant leurs colonnes au roman-feuille-
ton. L'*Epoque* morte, la presse rentra peu à peu
dans son ancien lit. Les annonces n'ayant pas produit — fort heureusement pour les abonnés —
ce qu'on en attendait, les journaux rognèrent
quelque peu leur format, et relevèrent leurs prix
presque au niveau de ce qu'ils étaient avant 1836.

Ainsi cette réforme qui promettait tant et de
si grands résultats aboutit en fin de compte à ce
qu'avait prédit Armand Carrel : à la démoralisa-
tion et au discrédit du journalisme, qui n'avait pu
passer à travers toutes ces broussailles de la spéculation sans y laisser beaucoup de sa dignité.

Il semblerait que, dans les conditions où elle
avait été faite, la révolution de juillet eût dû pro-
voquer un nouveau débordement d'écrits polémiques; il n'en fut rien cependant, le mouvement
de la presse fut comparativement modéré. J'en
dirai autant de l'effet de la révolution économi-
que apportée dans le journalisme en 1836, par
l'avènement du journal à 40 francs : il se fit sentir par l'accroissement de la clientèle des journaux existants plus que par l'augmentation du
nombre des journaux. Quelques chiffres donne-
ront une idée de ce mouvement. Le nombre des
feuilles timbrées à Paris pour le service des journaux n'était en 1828 que de 28 millions; il s'éleva
successivement, en 1836 à 42 millions, en 1843 à 61,

en 1845 à 65, en 1846 à près de 80 millions. A la fin de cette dernière année on comptait à Paris 26 journaux quotidiens, qui réunissaient environ 180,000 abonnés : 4 en comptaient de 500 à 2,000 ; 8 de 2 à 3,000 ; 9, de 3 à 5,000 ; 2, les *Débats* et l'*Epoque*, de 10 à 15,000 ; 2, la *Presse* et le *Constitutionnel*, de 20 à 25,000 ; 1, le *Siècle*, en comptait plus de 30,000. — En 1835 le nombre des journaux était de 605 : 347 à Paris et 258 dans les départements ; en 1845 il était monté à 750, mais la proportion s'était intervertie, ceux des départements s'étaient élevés à 520, et Paris n'en comptait plus que 230. De ces 750 journaux, 310 étaient politiques ; il y en avait 6 polonais.

En résumé, j'ai pu relever, pour les dix-huit années de la monarchie de juillet, environ 700 journaux.

Ce fut une époque brillante pour la petite presse. Il nous suffira de nommer le *Charivari*, ce pamphlet périodique plein de tant de verve et de malice, fondé en 1831 par Philippon, qui créa encore la *Caricature*, dont le crayon n'était pas moins acéré que la plume des « hommes d'Etat du *Charivari* » ; le *Corsaire*, par lequel passèrent un grand nombre de littérateurs devenus célèbres.

C'est encore de cette époque que date notre premier journal illustré, l'*Illustration*, fondée en 1843, dans l'enfance de la gravure sur bois, dont on peut suivre dans sa collection les rapides progrès.

Rappelons enfin, comme signe du temps, ces petites revues mensuelles qu'Alphonse Karr avait mises à la mode vers la fin de 1839, et qui pullulèrent pendant plusieurs années. Tout le monde, à cette époque, écrivait des brochures microscopiques et périodiques à l'instar des *Guêpes* : Balzac faisait la *Revue parisienne,* Eugène Briffaut le *Courrier de la ville,* le bibliophile Jacob les *Papillons noirs,* Albéric Second les *Lettres cochinchinoises,* Alph. Peyrat les *Personnalités politiques et littéraires,* un autre *Hic, hæc, hoc,* etc., etc. Il y eut alors une fièvre de petits tomes, comme il y eut depuis une épidémie de petits journaux, tous plus insignifiants les uns que les autres.

LE JOURNAL SOUS LA DEUXIÈME RÉPUBLIQUE

La révolution de février affranchit de nouveau la presse de toute condition, de toute obligation, de tout frein. Il y eut alors comme une avalanche de journaux, si l'on peut donner ce nom à cette masse de carrés de papier, remplis de choses quelconques, qui couvrirent pendant quelques mois les murailles et le pavé de la capitale. C'est alors que l'on put dire que l'esprit courait les rues, et quel esprit, bon Dieu! Et comme on se sentait fier d'être Français quand on coudoyait dans tous les carrefours le *Perdu Chêne,* l'*Amer du Chêne,* la *Vraie Raie publique:* ou bien encore l'*Aimable faubourien,* journal de la canaille, le *Bonnet rouge,* la *Carmagnole* et... la *Guillotine!* Et tout cela n'avait même pas le mérite de la nouveauté. La révolution de 1848 voulut, en effet, singer celle de 89, et la presse surtout donna dans ce travers; de ridicules pygmées crurent imposer au monde en se couvrant du masque des géants de la presse de 1789. Pourtant l'avantage reste à 1848 pour les utopies antisociales, qui se produisirent alors avec une audace inconnue jusque-là.

L'histoire de cette presse de 1848 est pleine de curiosité; mais la place nous manque ici pour en essayer même une esquisse, et nous ne pouvons que renvoyer les curieux à notre *Bibliographie*, où on la trouvera très détaillée, comme celle de la première république. Cependant la galanterie veut que nous mentionnions tout au moins la part que le sexe sans culotte prit à cette mêlée. Ces dames eurent, en effet, plusieurs organes, notamment :

La *Voix des Femmes*, journal socialiste, organe des intérêts de toutes, sous la direction d'Eugénie Niboyet.

Une grande révolution vient de s'accomplir. Cataclysme moral d'idées, plus rapide que l'onde, en quelques heures elle a débordé Paris, en quelques jours elle a débordé la France, en quelques mois peut-être elle aura débordé l'Europe. Les glorieux promoteurs de cette éclatante victoire ont eu tous les partis pour historiens, tous les journaux pour tribune ! Et pourquoi donc, à son tour, la femme ne mêlerait-elle pas sa voix à ce *Te Deum* général, elle qui donne des citoyens à l'État, des chefs à la famille? — La *Voix des Femmes* étant une œuvre socialiste, non une spéculation, on est prié d'affranchir.

La *Politique des Femmes*, par une société d'ouvrières; gérante : Désirée Gay.

Notre politique a été toute de ruse et de dissimulation dans le passé; faisons qu'à l'avenir elle soit toute de conciliation et de franchise... Sous le vaste étendard du socialisme, la politique des femmes peut marcher de front avec la politique des hommes.

L'*Opinion des Femmes*. Liberté, égalité, fraternité, pour tous et pour toutes. Rédacteur en chef : Jeanne Derouin.

Qu'est-ce que l'*Opinion des femmes?* C'est le jugement qu'une moitié de l'humanité a le droit de porter sur les lois qui lui sont imposées par l'autre moitié... Nous demanderons constamment, au nom de l'égalité, l'abolition complète de tous les privilèges, de sexe, de race, de naissance, de caste et de fortune ; — l'admission à toutes les fonctions sociales, sans distinction de sexe.

Et la parodie, qu'appelait naturellement le sujet, lançait la *République des Femmes*, journal des cotillons.

Après de longues discussions et d'orageux débats, le club des femmes a prononcé : il faut exterminer ces gueux de maris. Aux armes! s'écrie-t-il.

> Vésuviennes, marchons, et du joug qui nous pèse
> Hardiment affranchissons-nous !
> Faisons ce qu'on n'osa faire en quatre-vingt-treize,
> Par un décret tout neuf supprimons nos époux !
> Qu'une vengeance sans pareille
> Soit la leçon du genre humain.
> Frappons ! Que les coqs de la veille
> Soient les chapons du lendemain.
> . . . .
> En avant ! Délivrons la terre
> De tyrans trop longtemps debout!
> A la barbe faisons la guerre,
> Coupons la barbe, coupons tout !

Je n'ai pas compté moins de 400 journaux nés en 1848, et l'anée 1849 en vit encore éclore plus de 200.

Cependant l'opinion publique n'avait pas tardé à se soulever contre ces saturnales; les journées de juin furent le point de départ d'une réaction inévitable. Un des premiers actes du général Cavaignac, en arrivant au pouvoir, fut dirigé contre la presse périodique. Dès le 25 juin, 11 journaux étaient, selon l'expression du *Peuple constituant*, « passés au fil du sabre africain », et, dans cette exécution, le journal *la Presse* était l'objet d'une rigueur toute particulière : ordre était donné de le supprimer et d'arêter son rédacteur en chef. M. de Girardin fut, de fait, écroué, sans aucune espèce de formalité, à la Conciergerie, et y fut tenu pendant huit jours au secret le plus rigoureux. Quelques jours après, la *Gazette de France* partageait le sort de la *Presse*, pour ses opinions monarchiques, en compagnie de quatre autres feuilles, frappées, celles-ci, pour leur violence.

Le 9 août le cautionnement était rétabli ; seulement, de 100,000 francs qu'il était pour Paris, il était abaissé à 24,000 francs. C'était encore trop pour ces bohémiens de la pensée qui avaient fait irruption dans le domaine de la presse ; quelques-uns essayèrent de ruser pour sauver leur vie, mais la plupart furent tués du coup. De vrais journaux, même, comme le *Peuple constituant*, furent obligés de suspendre leur publication. On n'a point oublié les adieux que Lammenais adressait à ses lecteurs. « Il faut aujourd'hui, disait-il en terminant, il faut de l'or, beaucoup d'or, pour jouir du droit de parler ; nous ne sommes pas assez riche. Silence aux pauvres ! » Ce cri suprême d'une âme profondément ulcérée valut au gérant du journal une condamnation à six mois de prison, 3,000 francs d'amende et trois ans d'interdiction des droits civiques. Lamennais, hâtons-nous de le dire, avait fait, mais inutilement, auprès de l'Assemblée nationale, les plus honorables efforts pour assumer la responsabilité de son œuvre.

L'année suivante, le frein fut encore renforcé par une loi du 27 juillet, qui fit revivre presque toutes les dispositions des lois de septembre, et qui fut encore aggravée l'année suivante.

LE JOURNAL SOUS LE SECOND EMPIRE

De la presse sous le nouveau gouvernement qui sortit du scrutin du 10 décembre 1848 nous avons peu de chose à dire. Les violences ayant bientôt recommencé, plus acharnées que jamais, d'un côté contre le président de la république, de l'autre contre l'Assemblée nationale, le président supprima les journaux les plus hostiles, et l'Assemblée nationale vota d'urgence la loi du 16 juillet 1850, qui chargea la presse de nouvelles et plus lourdes chaînes, et que l'on baptisa, cette fois sans antiphrase, du nom de *loi de haine*. Le décret du 17 février 1852 mit le comble à la réaction.

Tout a été dit sur ce fameux décret; je n'y insisterai donc pas. Il supprimait radicalement la liberté de la presse, en soumettant toutes les publications périodiques traitant de matière politique ou d'économie sociale à une autorisation préalable qui ne s'accordait qu'à très bon escient. Aussi n'est-ce que de loin en loin qu'on rencontre, durant le second empire, quelque grand journal politique nouveau.

A la fin de 1853, il n'existait plus à Paris, que 14 journaux politiques quotidiens : les *Débats*, la *Presse*, le *Siècle*, le *Constitutionnel*, le *Pays*, la *Patrie*, l'*Assemblée nationale*, la *Gazette de France*, l'*Union*, l'*Univers*, l'*Estafette*, le *Journal des faits*, le *Charivari* et le *Moniteur*.

Des journaux qui purent s'ajouter à ceux-là, nous rappellerons seulement, comme intéressant notre sujet :

Le *Courrier de Paris*, qui inaugura le règne de la chronique quotidienne, et lui fit les honneurs des colonnes réservées d'ordinaire à la politique :

innovation quelque peu téméraire, mais qui, cependant, trouva bientôt des imitateurs ; la *Patrie*, notamment, perfectionna l'idée en se donnant le luxe de cinq ou six chroniqueurs.

L'*Etendard*, qui à ses abonnés d'un an donnait à « choisir entre vingt-huit articles de lingerie, de qualité supérieure, d'une exquise fraîcheur, et, d'une valeur moyenne de quarante francs ; ce qui réduisait le prix de l'abonnement à vingt-quatre francs. » C'était moins fort que le *Nouveau Commerce*, journal des travailleurs, dont le prix entier, 6 francs, était remboursé « séance tenante » dans un magasin de nouveautés, où la quittance d'abonnement était reçue comme espèces à la caisse ; moins fort surtout que l'*Etincelle*, journal de nouvelles à 5 centimes, dont les acheteurs pouvaient non seulement se rembourser eux-mêmes, immédiatement, de leur sou, mais lui faire produire cent, cinq cents, mille pour cent : à cet effet, étaient attachés à chaque numéro des *bons de rabais*, sur la présentation desquels on obtenait un rabais de cinq pour cent sur les achats qu'on faisait dans la journée chez un certain nombre de marchands, épiciers, bouchers, marchands de vin, pharmaciens, etc., dont la liste était publiée chaque lundi.

Ces belles inventions montrent de quelle fièvre étaient alors travaillés les esprits, fièvre qui sévissait surtout parmi une armée de petites feuilles que chaque jour voyait naître et mourir. En effet, à côté de la presse politique proprement dite, de la grande presse, s'était élevée une petite presse, dite, uniquement par opposition, presse littéraire, mais qui avait pris rapidement un énorme développement. Tout était devenu matière à journal. On remarque cependant deux courants principaux qui semblent entraîner cette foule de libres *écriveurs*. Les uns, spéculant sur les appétits du siècle, se lancent dans les hautes spéculations de la finance et de l'industrie; les autres, s'en tenant au domaine littéraire, ne cherchent qu'un peu de bruit et de fumée, et cette petite satisfaction même échappe à la plupart, à moins qu'empiétant, sans s'en douter, sur le domaine de l'économie sociale, dont les limites sont si peu marquées, ils n'obtiennent le dangereux retentissement d'un procès correctionnel.

De la foule de ces petites feuilles sortit une nouvelle classe de journaux, les journaux de nouvelles, qui ne différaient des journaux politiques qu'en ce qu'ils s'abstenaient de polémique, de discussion, ce dont ils se dédommagaient largement d'autres côtés. Ce genre nouveau eut son origine dans la guerre d'Italie. Le gouvernement avait cru devoir ou pouvoir autoriser les petits journaux existants à donner les nouvelles du théâtre de la guerre, et quelques autres s'étaient, de son consentement tacite, créés tout spécialement en vue de ce même but. On vit éclore alors des *Bulletins*, des *Chroniques*, des *Courriers*, des *Estafettes*, des *Journaux de la guerre*.

La guerre terminée, cette presse *temporaire*, pour nous servir de l'expression d'un de ses organes, *la Trompette de la victoire*, chercha à retenir sa clientèle par des informations d'autre nature. De là ce genre mixte entre le journal politique et le journal purement littéraire. De là les *Faits divers*, journal des actualités; les *Faits du jour*, les *Nouvelles diverses*; le *Petit Journal quotidien*, dont le succès fut si rapide et si grand; la *Petite Presse*, la *Petite Gazette*, qui avaient bientôt leur antithèse dans le *Grand Journal*, une fantaisie de Villemessant, que l'on servait sur calicot aux abonnés qui éprouvaient le besoin de se remonter en serviettes.

L'année suivante, 1865, le même Villemessant, qui cherchait sa voie avec une indomptable ténacité, et qui allait toucher le but, créait l'*Événement*, journal de nouvelles, qui, supprimé pour un article sur le droit des pauvres, c'est-à-dire pour s'être aventuré sur le terrain de l'économie sociale, fit le mort pendant vingt-quatre heures, et reparut dès le lendemain ; seulement, au lieu de s'appeler l'*Événement*, il s'appela le *Figaro*, du nom d'un aîné, fondé en 1854 par le même, sous la forme purement littéraire, mais fortement épicée, et qui disparut le jour où il transmettait son nom à son cadet. Le 28 mai 1867, se hâtant de profiter de la liberté qui venait d'être octroyée, le *Figaro* devenait *littéraire et politique*, « un grand garçon, majeur, électeur, éligible, jouissant de tous ses droits civiques, et parlant politique comme un vrai homme. Mais par la disposition typographique de son sous-titre il faisait entendre que la littérature passerait d'abord, la politique ensuite, qu'il restait ce qu'il était, mais avec un élément nouveau, qui le complétait, voilà tout ». C'est le *Figaro* que tout le monde connaît, qui, s'il n'a pas inventé la presse de nouvelles, — et il en était bien capable, — l'a portée au degré de perfection que l'on sait. Le type fondé par Villemessant me semble avoir été mieux défini par un de ses panégyristes, qui l'a appelé le « journalisme du boulevard, journalisme vivant, attrayant, ayant son caractère, son individualité, sa physionomie propre », et aussi, ajouterai-je, sa raison d'être, dont témoignent, outre la popularité et l'influence du *Figaro*, les nombreux imitateurs qu'il a suscités, le *Gaulois*, *Paris-Journal*, l'*Événement*, etc. On lui doit, entre autres progrès, le bulletin quotidien des théâtres, l'écho de Paris, la revue anecdotique des journaux, faite d'après un plan régulier, enfin l'importation du reportage, que la concurrence a élevé presque à la hauteur d'une institution.

On a dit, avec assez de vraisemblance, que c'était pour détourner les esprits des affaires politiques que le gouvernement impérial favorisait le développement de cette nouvelle presse, qui partout ailleurs eût été assimilée à la presse dite politique, et qui n'avait pu s'établir que par le fait de sa tolérance. Ce qui est certain, c'est que ces journaux marrons causèrent à la grande presse un préjudice dont quelques chiffres montreront l'étendue. Ainsi, en cinq années, le tirage de la *Patrie* était descendu de 32,000 à 16,000; celui du *Constitutionnel*, de 24 à 13,000; celui de la *Presse*, de 25,000 à 15,000; celui du *Siècle*, de 55,000 à 45,000; celui de l'*Opinion nationale*, de 18,000 à 15,000; celui du *Journal des Débats*, de 12,000 à 9,000, etc. On voit par ces chiffres que le plus achalandé des grands journaux, et de beaucoup, était le *Siècle*, le seul journal à peu près républicain, qui comptait presque trois fois autant d'abonnés que ceux qui en avaient le plus après lui.

Mais ce qui se perdait d'un côté se retrouvait de l'autre au centuple, et, somme toute, il y eut dans les dernières années de l'empire un mouvement de presse considérable.

En 1860, Paris comptait 500 journaux; il en comptait plus de 800 au commencement de 1866.

Le nombre total des journaux publiés en France au 1er janvier 1865 était de 1,098, dont 337 politiques : 63 à Paris et 274 dans les départements,

— et 761 plus ou moins étrangers à la politique : 511 à Paris et 250 en province.

Au 1er janvier 1866, le nombre total des publications périodiques s'était élevé à 1,637, dont 330 politiques, 7 de moins qu'en 1865. La différence portait tout entière sur les départements; en revanche la presse non politique y avait plus que doublé : on y comptait 604 feuilles littéraires, commerciales, fantaisistes, etc., presque autant qu'à Paris, qui n'en avait plus que 700.

D'après des documents officieux produits à la Chambre des députés, au 1er mars 1866 le tirage moyen de la presse politique quotidienne de Paris était de 350,000 numéros, dans lesquels le *Petit Moniteur,* qui était affranchi du timbre et publié dans des conditions tout exceptionnelles, entrait à lui seul pour 130,000. La presse non politique, qui avait donné lieu depuis 1852 à 3,244 déclarations, tirait en moyenne par jour 800,000 exemplaires.

Enfin, d'après une note officielle et confidentielle du 15 septembre 1867, le tirage des journaux du gouvernement en 1858 s'élevait à 67,000 numéros, celui des journaux opposants à 75,000; en 1867 ce dernier chiffre s'était élevé à 128,000, et la presse gouvernementale était descendue à 42,000.

On voit quel terrain l'opposition avait gagné à cette dernière date. L'opinion publique se réveillait de sa torpeur, et commençait à réclamer avec énergie, par ses bulletins de vote, la fin de l'arbitraire. Cédant, malgré ses conseillers, à ce mouvement des esprits, l'empereur se résolut à entrer dans les voies libérales. Par un manifeste du 19 janvier 1867 il annonçait solennellement à la France que l'heure de la liberté avait enfin sonné pour elle, et, entre autres réformes, il faisait espérer une loi plus libérale de la presse. Sans même attendre cette loi, dont l'enfantement fut extrêmement laborieux, le gouvernement se dessaisit spontanément du pouvoir de vie et de mort sur les journaux dont il était armé depuis quinze ans, et la juridiction administrative cessa immédiatement de fonctionner. Cette tolérance permit la résurrection de l'*Univers*, supprimé depuis le mois de janvier 1860, la transformation du *Figaro* en journal politique, et permit la création de quelques feuilles nouvelles, parmi lesquelles le *Journal de Paris*, par MM. J.-J. Weiss et Ed. Hervé.

Enfin vint la loi du 11 mai 1868, qui rendit à tout Français le droit de publier un journal sans autorisation préalable, c'est-à-dire, suivant le commentaire d'Emile de Girardin, « la liberté de se ruiner en fondant des journaux ». C'était alors, en effet, une entreprise extrêmement dispendieuse que la fondation, à Paris surtout, d'un vrai journal, au point que les quatre cinquièmes de ceux qui existaient à cette époque ne faisaient pas leurs frais, à beaucoup près. Et d'ailleurs, toutes les places étaient prises : elles n'étaient pas, sous l'empire, aussi nombreuses que les a faites depuis le fractionnement de l'opinion en nuances infinies. Il se fonda néanmoins un certain nombre de feuilles nouvelles, mais qui, pour la plupart, n'eurent qu'une existence éphémère. Ce fut, je crois, Rochefort qui entra le premier dans la voie ouverte par la loi du 11 mai, en allumant dès le 30 sa fameuse *Lanterne*, pour laquelle l'autorisation lui avait été refusée jusque-là.

Après ce brûlot, je citerai pour leur tentative dans la voie du progrès, le *National* de 1869 et le *Peuple*, deux feuilles du format des plus grands journaux, et les égales des meilleurs, assez har-

dies pour se mettre à 5 centimes. Le premier, sous
la direction de I. Rousset et le patronage d'une
société de banquiers, se proposait de faire de la
démocratie financière. Le second, patronné, dit-
on, par l'empereur, et rédigé par Clément Duver-
nois, avait pour but de faire de la démocratie impériale. La combinaison, ici et là, reposait sur le
même raisonnement, que voici : Il est incontesta-
ble qu'un journal ne peut se fonder qu'en dépen-
sant d'abord une somme considérable, et il n'est
établi définitivement que le jour où il a une forte
clientèle d'annonces. Ce principe d'une grosse dépense préalablement admis, il y a deux partis à
prendre : l'un consistant à dépenser lentement le
capital dont on dispose, et à se former une clientèle en trois ou quatre années; l'autre consistant
à se résigner à une perte beaucoup plus considé-
ble pendant la première année, et à se créer du
premier coup une grande publicité. C'est le premier de ces partis qu'avait pris le *Public*; le *Peuple* et le *National de* 1869 s'étaient décidés pour
le dernier, se résignant à perdre environ 6 centimes par numéro vendu, et à faire face chaque
jour à 4 ou 500 francs de frais généraux. Nous ne
saurions dire lequel de ces deux systèmes est le
meilleur; ils peuvent l'un et l'autre conduire à la
fortune ou à la ruine, suivant les circonstances.

Une autre combinaison non moins hardie était
celle de l'*Histoire*, « un double journal, de 8 pages, 48 colonnes, format des plus grands journaux,
donnant un journal complet genre *Figaro* et *Gaulois*, un autre journal complet genre *Siècle* et *Débats* », le tout au prix d'un journal ordinaire.
« Le temps du journalisme banal est passé, disait
ce réformateur, sorti de l'office du *Petit Journal*.
A des mœurs nouvelles il fallait un organe nou-

veau. Une lacune existait. Le journal l'*Histoire* sera la chronique du présent, destinée aux hommes de l'avenir. »

Une remarque à faire, c'est que l'effet de la nouvelle législation fut d'accroître considérablement le nombre des journaux politiques, tandis que celui des journaux étrangers aux matières politiques subissait une très notable diminution. A la fin de 1869, le total des journaux publiés en France dépassait 2,000. Et le mouvement eût été plus accentué encore sans les sévérités par lesquelles le gouvernement avait cru devoir faire comprendre tout d'abord qu'il n'était pas disposé à laisser ·dégénérer la liberté en licence. Cependant, après les élections de 1869, il s'était relâché de ses rigueurs, et il en était venu à une tolérance que ses conseillers trouvaient excessive, quand les évènements de 1870 coupèrent court à cet essai d'un empire libéral.

LE JOURNAL SOUS LA TROISIÈME RÉPUBLIQUE

La révolution du 4 septembre 1870 affranchit encore une fois la presse de toute entrave, et elle jouit pendant le siège de Paris de la plus entière liberté. Aussi ne vit-on pas naître, durant cette période néfaste, moins d'une centaine de journaux, mais, pour la plupart, sans la moindre consistance : le temps n'était pas aux entreprises sérieuses, sans même parler des difficultés matérielles, telle, par exemple, que la disette du papier, qui forçait un grand nombre de ces éphémères à paraître sur une feuille simple, et sur du papier de toutes les formes et de toutes les couleurs. Nous nous bornerons à rappeler, comme signe du temps, la *Lettre-Journal*, petite gazette sur format de papier à lettre, paraissant deux ou trois fois par semaine, et destinée à la correspondance aérienne entre Paris assiégé et la province. Deux pages seulement étaient imprimées et contenaient les dernières nouvelles de la capitale, dont les acheteurs étaient ainsi dispensés de charger leurs lettres ; les deux autres pages étaient réservées à la correspondance intime. L'idée fut trouvée si heureuse qu'après quelques jours on vit s'étaler dans toutes les vitrines des *Journaux-Ballons*, des *Ballons-Postes*, des *Montgolfières*, etc. Partant de cette idée, quelques journaux publièrent, à l'aide de la photolithographie, une édition microscopique pour la province.

Cependant la France s'était donné un gouvernement régulier ; l'heure était venue de pacifier, de réorganiser, comme le disait M. Thiers à l'Assemblée de Bordeaux, et la violence des journaux était un sérieux obstacle à cette œuvre patriotique : aussi les plus gênants furent-ils supprimés le 11 mars par le général Vinoy, et la publication de tout nouveau journal fut interdite jusqu'à la levée de l'état de siège.

Mais autant en emporta le 18 mars.

En entrant à l'Hôtel de ville, les « autorités républicaines de la capitale » proclamèrent, naturellement, leur intention de « faire respecter la liberté de la presse, ainsi que toutes les autres » ; mais bientôt, « considérant qu'il était impossible de tolérer dans Paris assiégé des journaux qui prêchaient ouvertement la guerre civile, donnaient des renseignements militaires à l'ennemi, et propageaient la calomnie contre les défenseurs de la république », — c'est toujours le même re-

frain, — la Commune supprimait, soit par four-
nées, soit individuellement, toutes les feuilles
qu'elle jugeait hostiles ou seulement qui déplai-
saient à quelqu'un de ses membres. Un certain
nombre « eurent la pudeur », pour nous servir de
l'expression du *Vengeur*, de susprendre elles-
mêmes — plus ou moins volontairement — leur
publication, notamment les *Débats*, le *Constitutionnel*, la *Presse*, le *Paris-Journal*, et même le *Mot
d'ordre*, de Rochefort, qui, « en présence de la
situation faite à la presse, crut de sa dignité de
cesser de paraître ». Quelques autres, comme le
Figaro et le *Gaulois*, fuyant la persécution, allè-
rent s'établir *extra muros*. Le 19 mai encore, à la
veille de la grande bataille, avait lieu une dernière
hécatombe, qui ne laissait debout que dix-sept
journaux, que nous croyons pouvoir nous dispen-
ser de nommer.

La Commune renversée, il y eut naturellement
une réaction, réaction non violente, mais assez
accentuée pourtant.

Le 6 juillet 1871, l'Assemblée nationale rétablis-
sait le cautionnement pour tous les journaux politiques sans exception, et pour les journaux et
écrits périodiques non politiques paraissant plus
d'une fois par semaine. Le timbre ne fut pas rétabli, mais, le 4 septembre de la même année, il
était remplacé par un droit spécial de 20 francs
par 100 kilog. sur le papier destiné aux journaux,
indépendamment d'un impôt de fabrication de
10 francs par 100 kilog. qui atteint indirectement
toutes les publications. Enfin une loi du 29 novembre 1875 avait remis en vigueur les dispositions des lois de 1848 et 1849 en matière de délits
de presse, délits qu'elle déférait de nouveau à
la juridiction correctionnelle.

Tout cela, cependant, n'avait pas empêché le journal de poursuivre sa marche ascendante, que ne pouvaient arrêter quelques procès intentés un peu à tort et à travers, et le mouvement ne peut qu'être accéléré par la nouvelle loi qui vient de sortir des longues délibérations du Parlement, et qui, entre autres dispositions libérales, abolit le cautionnement.

Je n'ai point à me prononcer sur l'esprit de la presse telle que l'a faite — pour nous servir des expressions d'un de nos honorables —« l'expérience de liberté, de licence, qui se poursuit depuis quelques années » ; elle est là, sous les yeux de tout le monde, et chacun la peut juger de son point de vue.

Mais un fait capital marquera cette période de l'histoire du journal : c'est sa démocratisation, complète cette fois, radicale. L'abaissement du prix de l'abonnement à 40 francs, en 1836, avait été un premier pas dans cette voie, mais insuffisant, et qui, d'ailleurs, ne s'était point soutenu. Le mouvement avait été notablement accéléré par cette petite presse des dernières années de l'empire dont nous avons parlé ; seulement ces feuilles légères ne s'adressaient guère qu'à la curiosité ou à la malignité ; il leur manquait le souffle de la passion.

Pour démocratiser la presse, il fallait le journal politique à cinq centimes, et, pour le rendre possible, il fallait l'abolition du timbre, d'abord, puis les progrès de toute nature opérés dans toutes les industries qui concourent à sa fabrication : il fallait l'invention du clichage, le papier sans fin — et sans chiffons, et ces presses merveilleuses qui peuvent jeter dans la circulation journalière cinq à six cent mille exemplaires d'un petit journal; il fallait encore, je dirais presque et surtout, la vente au numéro, qui met le journal, sur tous les chemins, à la portée de la main, comme la modicité de son prix le met à la portée de toutes les bourses. Et tout cela suffit à peine à satisfaire cet immense et vague besoin qui travaille aujourd'hui les esprits et les pousse à chercher dans ces petits carrés de papier un encouragement à leurs aspirations, la panacée de leurs rêves.

On jugera de l'acuité de cette sorte d'épidémie quand j'aurai dit qu'en 1879 Paris vit éclore, à lui seul, près de 350 journaux, presque un par jour!

Aujourd'hui, on ne compte guère moins, en France, de 2,500 publications périodiques. Dans ce nombre Paris entre pour presque la moitié ; il s'y publiait à la fin de l'année dernière tout près de 1,200 feuilles quotidiennes, hebdomadaires, etc., dont 153 de commerce et finances, 139 de lecture récréative, 134 de technologie et industries diverses, 104 de jurisprudence et administration, 90 de littérature, philologie et bibliographie, 80 de médecine et pharmacie, 71 de matières religieuses, 70 de modes, 48 de science, 38 de sciences agricoles, 31 d'instruction, 29 d'art militaire et marine, 23 de géographie et d'histoire, 23 de sport, 18 de beaux-arts, 17 de théâtre, 13 de musique, 8 d'architecture, 4 de photographie, etc. Le nombre des journaux politiques quotidiens était de 50, dont 10 de petit format; celui des revues politiques de 21.

Nous n'avons pas besoin d'ajouter que ces chiffres varient du jour au lendemain, et ne sauraient jamais être, par conséquent, d'une rigoureuse exactitude.

III

Le Journal en 1880

État comparatif de la presse chez les différentes nations. — Les géants de la presse anglaise et de la presse américaine. — Les annonces. — Comment se fait un journal. — Statitisque générale.

Il n'est aujourd'hui si petit État, pour peu qu'il soit policé, où le journal n'ait pris racine. Nous avons un exemple frappant de sa puissance d'expansion dans ce qui se passe au Japon. L'introduction de la presse n'y date que d'une douzaine d'années, nécessitée qu'elle fut en quelque sorte par le besoin d'expliquer et de défendre les mesures de progrès adoptées par le gouvernement, quand les institutions sociales y furent transformées. Depuis lors les journaux se sont multipliés d'une façon étonnante. Presque dans chaque maison on trouve un journal ; les domestiques eux-mêmes ont leur feuille, qu'ils achètent par cotisation. Dans les vagons de chemins de fer, dans les voitures publiques, il est rare de ne pas trouver un Japonais enfoncé dans la lecture de son journal. — En 1878, le nombre des journaux au Japon s'élevait à 278, dont 9 anglais ou français. Le nombre des journaux transportés par la poste dans l'année qui a fini le 30 juin 1879 a été de plus de 2,200,000 ; dont 110,000 expédiés à l'étranger. Dans cette dernière année la circulation de l'ensemble des

journaux a dépassé 33 millions de numéros. —
Pour la condition matérielle, les journaux japonais le cèdent peu aux nôtres ; il y a dans le
nombre quelques feuilles satiriques, dans le genre
du *Punch* anglais, dont les dessins sont en général
spirituels et bien réussis.

Les pays où le journal s'est le plus librement et
le plus largement épanoui sont l'Angleterre d'a-
bord, puis l'Amérique du Nord, qui, sur ce terrain,
a bien vite et de beaucoup distancé la mère
patrie. Ce sont aujourd'hui les Etats-Unis qui
tiennent le premier rang, et ils laissent bien loin
derrière eux toutes les autres nations, et par le
nombre et par les dimensions de leurs journaux. Il faut dire aussi que la presse n'y eut
point à lutter contre les obstacles qui partout
ailleurs ont entravé sa marche ; les seules difficultés qu'elle eut à surmonter, à son origine,
furent les difficultés matérielles inhérentes à un
pays nouveau, où tout était à créer, où man-
quaient les moyens d'exécution aussi bien que les
moyens de transport. Aussi s'y est-elle développée
avec rapidité. En 1775, le nombre des journaux,
aux Etats-Unis, était seulement de 37, tous hebdomadaires ; il était de 200 en 1800 ; en 1850 il
approchait de 3,000 ; aujourd'hui il dépasse 6,000,
dont plus de 800 sont quotidiens ; et le mouvement
va toujours s'accentuant, à mesure que la population se développe et se dissémine sur un plus
vaste territoire.

C'est qu'en Amérique, où tout le monde, sans
exception, sait lire et écrire, où tout le monde
est électeur, où le journal est souvent le seul lien
qui rattache au monde le colon isolé, le journal
est un objet de première nécessité. A peine un
village est-il né qu'un homme y arrive avec quel-

ques livres de caractères et une presse telle quelle; cet homme s'intitule imprimeur, et le lendemain de sa venue il se fait journaliste, écrivant, composant, et tirant lui-même son journal, une pauvre petite feuille de papier, imprimée d'un seul côté, que deux ou trois enfants vont vendre pour un sou, mais qui grandira promptement avec le village. On trouve des journaux jusque dans les régions aurifères, comme le *Melbourne Argus*, dont les frais, en 1855, s'élevaient à 7,500 fr., par jour, soit à 2,325,000 francs par an; — jusque chez les sauvages qui avoisinent les Etats-Unis : les Choctaws et les Cherokees ont leurs journaux, rédigés dans leur idiome, ou moitié en anglais et moitié en indien, et ce ne sont pas, on le pense bien, les moins intéressants. Le même fait, du reste, se retrouve dans l'Inde anglaise.

On a vu figurer à l'exposition de Vienne de 1873 une collection, reliée en 119 volumes, de 6,000 numéros de journaux et recueils périodiques paraissant alors dans les Etats-Unis. Cette collection a été complétée par un catalogue raisonné, où le nombre des écrits périodiques publiés à la même époque entre le golfe du Mexique et les grands lacs du Canada est porté à 8,081, dont 507 paraissaient à New-York; venaient ensuite Boston pour 194, Philadelphie pour 158, Chicago pour 145, San-Francisco pour 93, etc.

Voilà pour le nombre. Quant aux dimensions, celles des journaux américains sont encore, je l'ai dit, plus grandes que celles des journaux anglais, déjà si énormes, comparées à celles de nos maigres feuilles, qui ne sont que des pygmées auprès des géants de la presse anglo-américaine.

La raison en est que chez nous le journal est avant tout un instrument de polémique, tandis

qu'en Angleterre et aux Etats-Unis c'est essentiel-
lement un instrument de publicité, d'information,
et que l'information, dans ses formes multiples,
parmi lesquelles je range les avis et annonces,
n'a, pour ainsi dire, pas de limite, ou que, du
moins, elle exige un champ beaucoup plus vaste
que la polémique, surtout chez ces deux nations,
où elle est, en quelque sorte, une nécessité sociale.

Aussi les journaux anglais, et les journaux américains à leur suite, ont-ils été contraints d'élargir
incessamment leur cadre. Un journal anglais du
matin se compose de 8 pages grand in-folio, divisées chacune en 6 colonnes, soit en tout 48 colonnes, le double de nos grands journaux, sans
compter que le caractère est beaucoup plus fin et
beaucoup plus serré. On estime qu'un numéro
simple du *Times,* par exemple, contient la matière
d'un volume in-8° de 300 pages. Ajoutez à cela que
ce léviathan de la presse anglaise donne tous les
jours de 8 à 12 pages supplémentaires d'annonces, qui, jointes aux 12 colonnes au moins qui
leur sont déjà consacrées dans le corps du journal, donnent de 60 à 80 colonnes, chacune de
300 lignes, et en caractères des plus menus. La
presse anglaise, en effet, a proclamé l'égalité des
annonces. Tandis que chez nous l'annonce tient
encore beaucoup de l'affiche, qu'elle recherche la
singularité dans la rédaction et dans les caractères, et prend volontiers des proportions immenses, dans les journaux anglais toutes les annonces sont imprimées dans le même caractère
et dans la même forme, avec des titres de la
même dimension, et il est rare qu'elles dépassent
dix ou douze lignes.

Rien de ce que nous voyons dans nos journaux
ne saurait donner une idée de la quantité et de

la variété des annonces publiées journellement par les feuilles anglaises. Les annonces commencent et finissent le journal, et elles occupent au moins le quart de sa vaste superficie ; ce qui n'empêche pas quelques-uns de publier plusieurs fois par semaine, à l'exemple du *Times*, des suppléments de 4 et même de 8 pages remplis tout entiers d'*advertisements*. C'est véritablement quelque chose de vertigineux que cet entassement de petits articles se succédant en interminables colonnes. Tel est cependant l'ordre qui règne dans cette partie du journal, comme dans toutes les autres, du reste, que le lecteur anglais trouve instantanément dans cet océan de lignes microscopiques ce qu'il a intérêt à trouver.

Eh bien, les Etats-Unis sont encore plus avancés sous ce rapport que l'Angleterre. On ne saurait se faire une idée du développement qu'ont pris les annonces au-delà de l'Atlantique ; elles y tiennent la principale place dans les journaux, comme dans les habitudes du public, ils n'existent que par elles et pour elles. Si l'on en peut croire l'*Anglo-american Times*, le total des sommes dépensées annuellement en annonces dans la seule ville de New York dépasserait 25 millions de fr., et il cite des industriels, notamment le fameux Barnum, qui entreraient dans ce chiffre pour 2 ou 3 millions chacun. Il y a quelques mois, le principal organe de cette immense publicité, le *New-York Herald,* donnait un relevé des annonces publiées dans les principaux journaux de New-York un certain dimanche : le dimanche est le jour où les annonces sont le plus nombreuses dans les journaux nord-américains. Or ce jour-là le *Times* de New-York ne contenait pas moins de 22 colonnes et demie d'annonces, et un total de

503 annonces; le *Word*, 18 colonnes et demie ou 525 annonces; le *Sun*, 14 colonues et un quart, ou 413 annonces, etc. Total pour ce seul jour, 85 colonnes trois quarts et 1,973 annonces. Ce même jour le *Herald* en contenait à lui seul 105 colonnes, formées de 4,437 annonces. Ces annonces embrassent toutes les branches connues d'affaires et tous les besoins de la vie contemporaine; elles sont, pour la commodité des intéressés, classées sous une centaine de rubriques distinctes, et les recherches sont encore facilitées par un index placé en tête. Et le *Herald*, se basant sur la progression constante des annonces depuis quelques années, progression qu'il donne comme le critérium des besoins et du mouvement de l'industrie et des affaires, prévoit le moment prochain où des numéros de 6 feuilles ne lui suffiront plus.

Quand on considère un de ces formidables numéros, il paraît impossible que les lecteurs puissent les déchiffrer sans une loupe, et l'on se demande comment les compositeurs peuvent manœuvrer ces myriades de menus parallélipipèdes de métal qui entrent dans la composition d'un pareil journal quotidien, environ 15,000 par colonne, soit, pour les 105 colonnes du *Herald*, 1,575,000, surtout quand on songe qu'ils doivent être pris et alignés un à un, et, lorsque l'impression du journal est terminée, être repris et replacés, également un à un, dans leurs compartiments respectifs.

On comprend quels moyens puissants exige la préparation matérielle de pareils journaux, qui, par surcroît, sont infiniment supérieurs aux nôtres, et comme tirage, et comme papier surtout.

Les journaux américains, comme les journaux anglais, se vendent presque exclusivement au numéro ; l'abonnement, qui était autrefois la règle, est aujourd'hui l'exception. Le prix du numéro des grands journaux quotidiens, anglais et américains, est généralement de 30 centimes ; il y en a néanmoins un certain nombre à 20 centimes, et quelques-uns même à 10 centimes. Ils sont répandus sur tous les points des États-Unis au moyen de bureaux de distribution et de marchands ambulants. Ces marchands sont toujours en marche. On les rencontre à tous les coins de rue et sur toutes les places publiques ; ils se mêlent à la foule, accostent tous les bateaux à vapeur qui partent ou qui arrivent ; ils sont à la porte des églises et à la porte des théâtres ; on les voit sur le marchepied des omnibus et sur l'impériale de toutes les voitures publiques ; ils vont et viennent dans tous les convois de chemin de fer, où on leur accorde le droit de circuler librement. On est tellement habitué à leur présence en tout lieu et à toute heure, d'un bout à l'autre des États-Unis, que, s'ils venaient à disparaître, on s'y croirait privé d'une des premières nécessités de la vie. Il est aisé de concevoir combien cette ubiquité des colporteurs doit profiter aux journaux.

Et ce n'est pas là le seul côté intéressant de la presse anglo-américaine. L'histoire du journalisme américain, surtout, abonde en tours de force, dont quelques-uns très remarquables. J'en veux citer un. L'Angleterre a, parmi ses journaux illustrés, un *Graphic*, dont tout le monde a pu admirer la magnifique exposition au Champ-de-Mars en 1878, et dont les Parisiens ont pu remarquer le numéro spécial de Noël 1880, numéro qui, tiré à 400,000 exemplaires, n'avait pas coûté moins de 350,000 francs à établir. L'Amérique ne pouvait manquer d'avoir aussi le sien ; et, comme elle ne pouvait faire mieux, elle devait faire plus fort, ainsi du reste qu'elle a l'ambition de le faire en tout. Il s'est donc trouvé des éditeurs assez hardis pour entreprendre un *Graphic* quotidien, composé de 8 pages in-folio, dont 4 de gravures d'actualité. Ce journal, le seul au monde dans son genre, date aujourd'hui de six ans, et compte deux années de succès sérieux, qui ont permis aux fondateurs de rentrer dans les dépenses énormes qu'il leur a fallu faire pour mener à bien une semblable entreprise.

Un Parisien reculerait effrayé devant un journal comme le *Times* ou le *Herald*, ou certains journaux de Boston qui n'ont pas moins de 8 colonnes par page, et des colonnes plus hautes encore que celles des géants de Londres et de New-York. Cependant, que de puissance à la fois et que de patience révèlent ces gigantesques engins de publicité! J'avoue que, pour ma part, je ne puis me défendre, devant un de ces grands journaux, d'une sorte d'admiration; c'est pour moi un des signes les plus frappants du génie de ces nations sœurs. L'agrandissement continuel des journaux, mieux encore que leur multiplication, montre quel a été d'année en année le développement, non seulement des affaires, mais encore de la curiosité publique, toujours plus exigeante et étendue à plus de sujets. Il marque aussi, d'une façon indirecte, les progrès de la puissance de la presse, dont cette curiosité générale est à la fois l'origine et le point d'appui : ce n'est pas d'eux-mêmes, en effet, que les journaux aujourd'hui tirent leur force, mais de ce besoin universel d'information que seuls ils peuvent satisfaire.

Et si ces entreprises demandent de grands efforts et de grandes dépenses, par quels bénéfices ils sont compensés, et que de choses on peut faire avec ces bénéfices utilement appliqués! Un curieux s'amusait, il y a quelque temps, à calculer ce que devaient rapporter les 67 colonnes d'annonces d'un numéro du *Times* qu'il avait sous les yeux, et il arrivait à un chiffre : 44,125 francs. Si c'était là un chiffre normal, le produit annuel serait de près de 14 millions. Même en ne comptant que 50 colonnes par jour, on arrive à plus de 10 millions, bien que le *Times*, avec son énorme tirage, ne fasse guère payer que 2 ou 3 francs en moyenne la ligne d'annonces. Dans les journaux américains, le prix de la ligne est en général d'un dollar. On peut d'après cela se faire une idée de ce que rapporte le *Herald,* qui, né dans une cave, trône aujourd'hui dans un palais, et comment ses propriétaires peuvent fonder des établissements d'utilité publique, élever des observatoires, subventionner les explorations scientifiques les plus dispendieuses, etc.

Mais la destination première de ces énormes recettes est, pour les propriétaires du *Times* comme pour ceux du *Herald*, l'amélioration incessante de leur journal; ils ne regardent pas plus les uns que les autres à la dépense pour soutenir leur prétention réciproque d'être les mieux informés du monde; en quelque lieu que se trouvent leurs correspondants, la plus grande latitude leur est laissée sur les frais, dans la persuasion que la primeur d'une nouvelle n'est jamais payée trop cher. Ainsi le *Herald* payait naguère 20,000 francs l'expédition par le câble atlantique d'un discours de l'empereur d'Allemagne; c'est ce que le *Times* avait dépensé en télégrammes durant la tenue du congrès de Berlin. Mais voici qui est plus fort.

Le numéro du 30 juin 1879 de ce dernier journal, où se trouvaient les dépêches du Cap sur la mort du prince impérial que toute la presse a reproduites, contenait en télégrammes venus des Indes, de l'Amérique et de l'Afrique, plus de 5 colonnes, soit 9,000 mots; ce qui, au tarif plein de 5 fr. 75 le mot, représenterait plus de 52,000 francs. Il est probable, il est vrai, que le *Times*, qui publie tous les lundis des télégrammes des Indes, a un tarif particulier; le numéro du 30 juin — et il y en a beaucoup d'analogues — n'en constituerait pas moins une dépense télégraphique d'environ 35,000 francs, c'est-à-dire une somme que la plupart de nos journaux dépensent à peine dans une année en frais de cette nature.

Le *Times*, du reste, n'est pas le seul à s'imposer de pareils sacrifices; ainsi, pour ne citer qu'un exemple, le *Standard* paye 50,000 francs par an à l'administration des postes pour l'usage d'un fil télégraphique entre Londres et Paris.

Tandis que les journaux anglais et américains prenaient cet énorme développement, les nôtres sont restés immobiles dans leur cadre étroit. La raison en est évidente. Au prix où ils sont descendus, et qu'il ne serait plus guère possible de relever, un journal, à moins qu'il ne soit soutenu par des capitaux intéressés, ne peut vivre qu'avec le produit des annonces. Or, quoi qu'on ait pu tenter pour acclimater l'annonce chez nous, on n'a point réussi à la faire entrer dans nos habitudes. Elle est restée une affaire entre quelques industriels, presque toujours les mêmes, et quelques courtiers, qui l'ont tuée par d'étroits calculs. Le public n'intervient que par ses plaintes contre ce qu'il regarde, non sans quelque raison, comme un tort qui lui est fait, comme une diminution de la pâture à laquelle il croit avoir droit en retour de son argent. Que la quatrième page du journal soit consacrée aux annonces, il l'admet volontiers, mais qu'elles empiètent sur la troisième, au point souvent de la remplir, qu'elles débordent même sur la deuxième, il trouve à bon droit le procédé exorbitant. De là contre les annonces une répulsion très compréhensible.

Il est donc probable que le format actuel de nos journaux demeurera le format normal et définitif; ou, s'il était amené à se modifier, ce ne pourrait être que dans le sens de la nouvelle presse à 5 centimes, dont, si peu qu'elle vaille, l'influence se fera forcément de plus en plus sentir sur le bugdet de la grande presse. Ce n'est pas que quelques-uns de nos grands journaux, dont le prix est déjà suffisamment rémunérateur, ne retirent de leurs annonces un fort joli bénéfice, mais on ne voit pas qu'en géneral ils songent à en faire profiter le public. — Les deux journaux les mieux partagés, chez nous, sous le rapport des annonces, sont le *Figaro* et le *Petit Journal*, qui encaissent de ce chef chacun plus d'un million.

Ce cadre, d'ailleurs, paraît largement suffisant pour l'appétit des lecteurs français, beaucoup moindre sous ce rapport que celui des Anglo-Saxons. Nous en avons eu récemment encore un exemple frappant. Un journal, le *Globe*, eut la bravoure de tenter ce qui eût bien été, comme il le disait, une « véritable révolution dans le journalisme », en adoptant le double format des journaux anglais; il y ajoutait même une fois par semaine un supplément littéraire d'une feuille, ce qui faisait un numéro de 12 pages : après quelques mois d'efforts et des sacrifices sans doute considébles, il fut obligé d'en revenir au format habituel. Nous en avons encore sous les yeux un exemple non moins concluant. Parmi les journaux à 5 centimes, il y en a quatre ou cinq du format des grands journaux, et qui ne leur sont point inférieurs, qui, dans tous les cas, donnent au moins quatre fois autant de matière que ceux d'une demi-feuille : eh bien, il se vend à peine un numéro du plus achalandé de ces grands journaux à 5 centimes contre dix de tel ou tel petit.

Il est à peine besoin de dire le pourquoi de ce dernier fait. Il en ressort surabondamment que, pour un journal français, il est plus profitable de s'adresser à la passion qu'à la curiosité. Il prouverait encore, si cela avait besoin d'être prouvé, que l'influence d'un journal n'est pas en raison de sa taille.

Dans ces conditions, on conçoit que le budget de nos journaux ne puisse être comparé à celui des journaux anglais et américains. Il est cependant assez lourd encore pour qu'un grand nombre ne parviennent pas à faire leurs frais, et ne se soutiennent que par l'appui de quelque grosse caisse politique ou financière.

C'est que l'établissement d'un journal, si petit qu'il soit, entraîne toujours des frais considérables. Ces frais sont de deux natures : des frais fixes, indépendants du nombre des abonnés, qui s'imposent même avant qu'on en ait un seul; ce sont ceux de loyer, d'administration, de rédaction et de composition typographique, qu'on peut évaluer à 250,000 francs par an; — et les frais progressifs ou proportionnels, qui augmentent en raison du nombre des abonnés, et qui comprennent le papier, le tirage, la mise sous bande, le transport, etc.

Ces derniers frais sont couverts, plus ou moins, par le produit de l'abonnement et de la vente des numéros; mais ce produit peut se faire désirer longtemps, rester longtemps insuffisant, tandis que les frais fixes sont toujours là, qui pèsent sur chaque numéro; même, pendant la période que j'appellerais d'incubation, période toujours longue, ils s'augmentent de frais de propagande inévitables. Le journal, en effet, ne peut attendre que la clientèle le vienne trouver spontanément, il faut qu'il la provoque, il faut qu'il se fasse connaître, et pour cela, indépendamment des autres moyens de publicité, il doit tirer et distribuer gratuitement, chaque jour, un nombre assez grand de numéros, des centaines ou des milliers, suivant sa caisse.

A l'appui de ce que je viens de dire, je vais essayer de donner à ceux de mes lecteurs qui seraient étrangers à l'art typographique une idée des efforts que coûte la mise sur pied d'un journal, de la série d'opérations par lesquelles il doit passer avant d'arriver dans leurs mains.

COMMENT SE FAIT UN JOURNAL

Le première opération, c'est la rédaction, le rassemblement et la coordination des articles qui doivent composer le numéro.

Chaque journal a un certain nombre de rédacteurs ordinaires, sous la direction d'un rédacteur en chef, qui imprime à la feuille son unité de doctrine, sa couleur, qui donne, pour ainsi dire, le *la* aux divers collaborateurs. Le plus souvent chacun des rédacteurs a son département. Celui-ci fait les premiers-Paris, celui-là l'appréciation des séances du Parlement, un autre l'article de fond sur la question du jour, un autre les entre-filets, un autre résume les correspondances étrangères. Des spécialistes traitent les questions militaires, ouvrières, sociales, les questions d'enseignement, de religion. Les tribunaux, les théâtres, la bourse, forment autant de départements ayant chacun un ou même plusieurs propriétaires. Enfin viennent les faits divers, les *canards*, qui affluent de toutes parts.

La plupart des journaux ont dans les principaux centres des correspondants particuliers qui les tiennent au courant du mouvement politique et social dans les divers États. Les nouvelles courantes sont apportées, à toutes les heures du jour et de la nuit, par le télégraphe. Elles aboutissent à certains centres d'information, à des agences diverses qui les livrent aux journaux moyennant un abonnement; quelques journaux les reçoivent directement du bureau central des télégraphes par un fil particulier qui aboutit dans leurs bureaux, et gagnent ainsi un temps précieux, surtout pour les feuilles du soir, qui, paraissant vers cinq heures, ne peuvent donner qu'une partie des nouvelles du jour, et le commencement seulement des séances des Chambres, durant leur session.

Quant aux *faits divers*, qui sont devenus pour la masse des lecteurs la partie la plus attrayante du journal, ils sont fournis à la presse par les agences dont nous venons de parler, par la préfecture de police, et principalement, aujourd'hui, par le *reportage,* une institution anglaise importée depuis quelques années par les journaux qui ont pour principal objectif l'information, et qui, dans leur rivalité, la poussent trop souvent jusqu'à l'extrême limite de la vraisemblance, du possible.

Chez nos voisins l'information a toujours été le grand ressort du journalisme. Aussi toute une armée est-elle employée jour et nuit à alimenter ces gargantuas de la presse anglaise que nous connaissons, courant sans cesse les rues pour eux, en quête de nouvelles. On rencontre partout et à toute heure ces *racoleurs de nouvelles,* ces *reporters,* ou, pour leur donner le nom sous lequel ils sont populaires, ces *penny-a-liners,* écrivains à deux sous la ligne ; on les trouve au bureau des hôtels, à la porte des grands personnages malades, aux courses, aux combats de coqs, au pied de l'échafaud, dans tous les rassemblements, dans toutes les foules, allant d'une personne à l'autre, multipliant les questions, prenant des notes sur un carnet, et, si la presse est trop grande et qu'elle repousse les importuns, tenant bon et se faisant faire place en se réclamant de leur titre, en répétant qu'ils sont des « *gentlemen* de la presse ».

Nos reporters, qui ne le cèdent en rien à leurs confrères d'outre-Manche, sont munis d'une carte qui leur est délivrée par la préfecture de police, et qui leur facilite, dans certaines circonstances, l'exercice de leur profession. Il a été plusieurs fois question de leur retirer ce laissez-passer, et peut-être sera-ce chose faite quand ces lignes paraîtront. Dans tous les cas ils sauraient parfaitement s'en passer. Que faudrait-il, en effet, pour cela? Du flair, de l'audace et de l'imaginative, et ces trois vertus théologales du reporter ne leur font généralement pas défaut.

Citons, à ce sujet, une anecdote peu connue, racontée dernièrement par les *Débats*, sur J.-J. Smith, qui vient de mourir à New-York, et qu'on appelait le roi des reporters américains. C'était lors des obsèques du général Barker. Le gouvernement avait voulu faire une niche à Smith et ne lui avait pas accordé de carte d'entrée pour la cérémonie. Smith trouva moyen de pénétrer par la cheminée dans la chambre mortuaire et de se faufiler parmi les assistants. Le clergyman avait déposé son chapeau sur un meuble. Dans ce chapeau se trouvait un rouleau de papier. Smith s'en empara et constata avec joie que c'était le discours que le ministre protestant devait lire sur la tombe. Lorsque le clergyman voulut prononcer l'adieu funèbre, il chercha son rouleau, et, ne le trouvant pas, il se vit forcé d'improviser une allocution. Pendant ce temps, le journal paraissait et donnait le texte exact et authentique du discours que lui avait envoyé son habile reporter.

Disons, du reste, puisque nous sommes sur ce chapitre, que la presse française tend de plus en plus à se transformer dans le sens de la presse américaine. Assurément il y a encore chez nous beaucoup de journaux de doctrine, qui traitent largement les grandes questions, mais la presse en général est devenue une presse d'information, de nouvelles.

Nous avons parlé des agences de publicité. Dans le nombre il en est une qui mérite une mention spéciale, parce qu'elle tient à notre sujet plus que toutes les autres, et par des côtés particulièrement curieux : c'est l'Agence Havas, que tous les lecteurs de journaux connaissent de nom. L'Agence Havas est l'organe de publicité le plus important qui ait jamais existé. Elle s'est assuré un service de renseignements télégraphiques de tous les points du globe, en établissant partout des succursales et des correspondances. Propriétaire ou associée de toutes les agences étrangères, son organisation est telle, qu'une nouvelle qui passe par son entremise est immédiatement communiquée à tous les journaux du monde entier. Ce n'est pas tout. Dans ces dernières années elle a inauguré pour les journaux de province une ingénieuse combinaison qui permet à la presse départementale de renseigner ses lecteurs plus rapidement et à meilleur marché que par le passé. Elle leur expédie tous les soirs par les trains-poste un cliché de six colonnes, comprenant les dernières nouvelles du jour même jusqu'à six heures et demie, avec le compte-rendu des séances des deux Chambres. Elle a même appliqué ce système aux feuilletons ; si bien qu'aujourd'hui le journal de province peut, s'il le veut, se borner à la composition des nouvelles locales. Ajoutons que l'Agence Havas exploite aussi les annonces ; on peut dire même qu'elle a la publicité exclusive, sous forme de fermage ou de régie, de la presque-totalité des journaux des départements et de l'étranger. On comprend, sans qu'il soit besoin d'insister, combien un pareil établissement est précieux pour les journaux.

Tous ces matériaux, toute cette copie, élaborée non seulement dans la salle de rédaction, mais un peu partout, au Palais-Bourbon, au Luxembourg, au Palais de Justice, dans les ambassades et les ministères, même dans les cabarets, pour nous servir de l'expression affectée dans ce milieu, vient se concentrer dans les mains du secrétaire de la rédaction, la cheville ouvrière du journal. Celui-ci coordonne cette masse d'éléments disparates, assigne la place que chaque article doit occuper, et marque le caractère dont il sera composé, suivant sa nature et son importance, suivant qu'il est politique ou littéraire, suivant qu'il doit figurer en entre-filets ou en fait divers. Cela fait, il remet le tout au chef de la composition, le metteur en pages, ainsi nommé pour des raisons que l'on verra tout à l'heure.

La composition d'un journal est exactement la même que celle d'un livre; seulement elle exige une beaucoup plus grande rapidité. Aussi les compositeurs de journaux sont-ils choisis parmi les plus habiles et les plus instruits. La composition d'un de nos grands journaux en exige une trentaine environ.

Pour rendre plus facilement compréhensible les phases de cette nouvelle opération, nous allons les suivre sur le vif dans les ateliers du *Figaro*, un des journaux les mieux outillés, en prenant pour guide M. Emile Mermet, qui a consacré à la fabrication de cette feuille célèbre, dans son *Annuaire de la presse*, un article technique des mieux compris, et dont je suis d'autant plus heureux de pouvoir m'aider, qu'il y a dans cette manipulation du journal des choses assez difficiles à exprimer pour quiconque n'est pas du métier.

Il est près de six heures du soir. Entrons dans la salle de composition, où, sur des pupitres placés en rangs parallèles, les casses attendent les compositeurs. La *casse* est un grand casier divisé en nombreux compartiments — cent cinquante environ — appelés *cassetins*, remplis de toutes les lettres, signes, chiffres, pièces de remplissage, nécessaires à la composition. — Sur un des côtés de la salle règne une table étroite, longue de plusieurs mètres, dont la tablette, en fonte dressée, brille comme la glace d'un miroir : c'est le *marbre*, où se fera plus tard la mise en pages.

Quelques ouvriers sont déjà au travail. Ce sont les compositeurs en retard, ceux qui ont négligé de garnir dans la journée leur casse des caractères dont ils vont avoir besoin pour la soirée. De la main gauche ils tiennent en équilibre quelques lignes de la composition qui a servi au journal de la veille ; de la droite ils saisissent coup sur coup un fragment de ligne, ils le lisent d'un coup d'œil, et, le promenant sur la casse, ils en désagrègent successivement chaque lettre, qui tombe avec une précision merveilleuse dans le cassetin à elle destiné. C'est ce qu'on appelle la distribution.

Aux six coups de l'horloge la salle se garnit ; le metteur en pages est à son pupitre, la partie prête de la copie est distribuée, chacun est à sa place : le feu commence. Les compositeurs sont debout devant leur casse ; de la main gauche ils tiennent une règle ou lame en fer coudée à angle droit dans toute sa longueur, et formant à l'une de ses extrémités une sorte de boîte carrée ouverte d'un côté : c'est le *composteur*, où les lettres, les mots, les lignes vont se succéder sans trêve pendant sept heures, apportés par la main droite, qui se promène des différents compartiments de la casse au composteur avec une rapidité que l'œil a peine à suivre. C'est véritablement chose merveilleuse que la dextérité avec laquelle les phrases de l'auteur, souvent illisibles et hiéroglyphiques, sont alignées à la dimension de la colonne du journal en beaux caractères métalliques, égaux et corrects.

Cent cinquante à deux cent mille de ces caractères déliés, fins, prismatiques, sont ainsi maniés journellement pour la composition d'un journal ordinaire, et journellement le même nombre de pièces se reclasse dans la casse après chaque tirage.

Cependant la copie ne cesse d'arriver, tantôt par articles complets, tantôt feuillet par feuillet. Pour s'y reconnaître, le metteur en pages cote tout cela, au crayon bleu, au crayon rouge, au crayon noir, taille, divise et distribue quelquefois les feuillets d'un même article en vingt mains différentes, 6, 8, 10, 12 lignes au plus par homme ; puis les ordres, les questions : « 2-A ? 3-A ? Qui a le 5-B ? Réunissez les D ! A-t-on fini la tête des C ? »

Voici un article terminé. Les tronçons en sont rassemblés suivant l'ordre de leur cote sur une planchette à rebord, la *galée* ; le *paquet* est ficelé et prêt pour l'épreuve. La presse attend, un vrai joujou, qui occupe une petite place à l'extrémité du marbre. Le rouleau en gélatine, chargé d'encre, passe sur l'*œil* de la lettre, un morceau de papier lui succède, la presse fonctionne, et l'épreuve en sort pour les correcteurs, qui la lisent et zèbrent ses marges de signes cabalistiques. Les compositeurs reprennent le paquet, exécutent les corrections ; puis, nouvelle épreuve, qui, cette fois, va aux rédacteurs. — Tout cela se fait en moins de temps qu'il n'en faut pour le raconter.

Lorsque la dernière correction est faite, les paquets sont placés en ordre sur le marbre en attendant que le moment soit venu de commencer la mise en pages.

Il est minuit, les dernières dépêches sont « en mains », tout est prêt, sauf les comptes-rendus des théâtres et les informations de la dernière heure. Le metteur en pages, une ficelle à la main, mesure tous les paquets, apprécie la longueur des articles, et fait son plan de bataille, qu'il va soumettre au secrétaire de la rédaction. Il a normalement trois pages à remplir, — la quatrième étant réservée aux annonces, qui même empiètent très souvent sur la troisième, — et la composition qui est là, sous ses yeux, en représente six. C'est l'écueil de tous les jours. On a composé toute la soirée, sans compter. Et le pouvait-on ? Savait-on à neuf heures les nouvelles qui viendraient à dix, à dix celles qu'onze heures apporteraient ? Maintenant il faut choisir, trier sur le volet. Enfin tout est vu, discuté, adopté : une colonne sera réservée aux théâtres, une et demie aux informations, etc : il peut se mettre à l'œuvre. Quatre grands cadres de fer, des *châssis*, sont sur le marbre. Placé devant le premier, il y dépose le titre et les différents articles qui doivent composer la première page. Les paquets sont là, en ordre, sous sa main, il n'a plus besoin de les lire ; à l'aide d'une grosse éponge, il les mouille, il les noie, pour que les milliers de petits cubes métalliques dont ils sont formés adhèrent un peu les uns aux autres ; la ficelle qui les maintient est défaite, et c'est par poignées de 30 à 40 lignes au moins qu'il y puise les éléments de ses colonnes, qu'une lame de cuivre destinée à servir de filet sépare les unes des autres. En un tour de main, la page est montée, puis serrée dans son châssis, de manière à former une masse compacte et résistante. Deux épreuves sont faites, une pour les correcteurs, l'autre pour le rédacteur en chef, et en attendant leurs corrections le metteur en pages se met en mesure de bâtir la seconde, puis la troisième page, tandis que l'annoncier, qui a un département à part, achève l'édifice compliqué de la quatrième.

Enfin tout ce qui concerne la composition est terminé; le bon à tirer est donné; les compositeurs plient bagage; les formes sont descendues dans l'*enfer* : c'est ainsi qu'on nomme, au *Figaro*, à cause de la chaleur infernale qui y règne, les sous-sols, où sont installées les presses et la clicherie.

Il est alors deux heures du matin; à quatre heures les premiers courriers partent et les porteurs de journaux arrivent; à cinq heures le nombreux bataillon des vendeurs se présente : comment arriver à livrer en temps utile les soixante, les cent mille exemplaires que réclament la vente et l'abonnement? Voilà le problème à résoudre, sous peine de manquer une partie de la vente, ou de ne pas arriver pour le départ des chemins de fer. Rien de plus simple : il suffit d'avoir un nombre suffisant de presses. Le *Figaro* en a trois, de ces merveilleuses machines que tout le monde a pu voir fonctionner à notre dernière Exposition, imprimant, coupant, comptant, et, au besoin, pliant vingt mille feuilles à l'heure. Mais, pour alimenter ces trois presses, il faut trois planches, et les compositeurs n'en ont livré qu'une, de quatre pages, formant un journal; de plus, cette planche type est plane, et les machines que nous avons sous les yeux n'offrent pas la plus petite tablette; en dehors de celles où sont reçues les feuilles imprimées, tout y est cylindrique. Il va donc falloir, avant l'impression, tout à la fois, tripler et transformer les formes. Le clichage, procédé aussi simple qu'ingénieux, qui dispense de multiplier la composition, ce qui était long et coûteux, va donner en quelques instants ce double résultat.

Pénétrons dans la clicherie. C'est bien là l'enfer. Les courroies tournent, les moules gémissent, la matière en fusion lance de tous côtés ses gouttelettes ardentes. Des hommes demi-nus s'agitent frénétiquement dans ce milieu enflammé. Ils sont déjà ruisselants de sueur avant de commencer. La durée du travail est courte, pour ces hommes; dans une heure ils auront fini, mais c'est une heure d'épilepsie dans une fournaise : devant eux les générateurs et les fourneaux, dont les vastes creusets sont remplis jusqu'aux bords de la lave métallique qu'ils doivent façonner, derrière eux les tables de moulage et les presses à sécher chauffées par de puissantes rampes de gaz. Tout ce qu'ils touchent est brûlant! Voyons-les opérer.

Les formes sont sur les tables; un homme étend sur elles le *flan*, carton spécial composé de feuilles de papier de soie alternant avec des couches d'un magma de colle de pâte, de blanc de Meudon et de dextrine. Ce flan est humide, et sous les coups répétés de deux hommes qui le frappent à tour de bras à l'aide de larges brosses, sa pâte pénètre dans la gravure des lettres et en prend une empreinte fidèle. En trois minutes le moulage est fait; les formes sont alors poussées sous les presses chaudes, et six minutes après, montre en main, le chef clicheur lève les *matrices*, empreintes parfaitement sèches, sonores, qui, avec plus de souplesse cependant, ressemblent à des galettes de carton-pierre. D'un coup d'œil il vérifie la beauté du moulage, passe la matrice au talc et s'approche des moules chauffés à l'avance. Ces moules sont de grandes lingotières cylindriques en deux parties, l'une concave et l'autre convexe. Il glisse la matrice dans la partie concave dont il lui fait prendre la forme, la maintient par un cadre en fer à branches cintrées, rabat la partie convexe et relève le moule. On va couler. Le *pochon* dont on se sert est une boîte en fer de la contenance d'environ 60 kilogrammes; deux hommes la saisissent par les poignées dont elle est armée, et jettent plutôt qu'ils ne versent dans les moules le métal en fusion qu'elle contient. On dirait une nappe d'argent qui s'engouffre sur les matrices. La coulée est à peine figée qu'elle est sortie du moule, la matrice enlevée, talquée à nouveau, et disposée pour une nouvelle épreuve. Répétée plusieurs fois, cette opération fournit autant de reproductions de l'épreuve première qu'on en peut désirer : on fond quelquefois jusqu'à dix pages dans la même feuille de carton sans altérer la finesse du moulage.

Pendant que nous suivions cette opération, le chauffeur avait donné issue à la vapeur emmagasinée sous les dômes de ses chaudières, les moteurs s'étaient ébranlés, et tout autour de nous les courroies couraient sur les poulies folles. Nous voyons les pages, non plus planes cette fois, comme les formes de composition, mais parfaitement cylindriques, se succéder sur la plate-forme de la scie à ruban, privées de leur *jet,* passer aux tours, où elles sont biseautées en tête et en pied, échoppées à grands coups de maillet, et, brûlantes encore, portées aux machines qui les attendent, et qui les reçoivent cinq minutes au plus après leur sortie du creuset!

Si la composition d'un journal est une merveille, son tirage en est une bien plus grande encore. Il y a cinquante ans à peine le tirage des journaux se faisait au moyen de presses à bras, qui donnaient à l'heure deux ou trois cents feuilles imprimées d'un seul côté ; avec beaucoup d'efforts et d'habileté, et en relevant plusieurs fois les pressiers, on arrivait à doubler ce tirage. On se voyait quelquefois obligé de faire deux, trois et jusqu'à quatre compositions, pour paraître en temps utile. C'est à un directeur du *Times*, M. Walter, qu'appartient l'honneur d'avoir mis la vapeur au service de l'imprimerie. Dès 1804 cet homme remarquable à plus d'un titre, et auquel le *Times* doit sa prodigieuse fortune, s'était convaincu de la possibilité de substituer cet agent infatigable aux bras des pressiers, et de donner au tirage de son journal une régularité et surtout une rapidiié que sa prospérité croissante rendait nécessaires. Il se livra, dans cette pensée, à de nombreux et dispendieux essais, qu'il était obligé de faire dans le plus grand mystère, à cause de l'opposition déclarée des pressiers ; et c'est seulement après dix ans d'efforts et de sacrifices qu'il arriva à la solution du problème qu'il s'était imposé. Enfin le 29 novembre 1814, à six heures du matin, Walter put montrer à ses ouvriers et à Londres étonnés le premier exemplaire d'un journal imprimé à la vapeur. Ces premières presses, qui devinrent aussitôt une des curiosités de Londres, tiraient de 12 à 1,300 feuilles à l'heure. Il y a loin de là aux merveilleux engins de Marinoni tirant dans le même espace de temps 20,000 exemplaires d'un grand journal, 40,000 d'un petit.

Il y a quelques années encore, les machines qui servaient au tirage du *Figaro* étaient de véritables édifices à plusieurs étages, d'où les ouvriers envoyaient une à une les feuilles sur les formes qui les devaient imprimer. L'équipe de chaque machine comptait huit hommes.

Aujourd'hui, tout cela est changé. Trois petites machines légères, de vrais bijoux, aussi faciles à manier qu'à réparer, ont remplacé ces mastodontes de la mécanique. Chacune d'elles n'occupe que trois hommes, qui, une fois le tirage commencé, n'ont guère autre chose à faire que de les regarder tourner à toute vitesse. Plus de feuilles à fournir une à une; le papier expédié de la fabrique en rouleaux de quatre à cinq mille mètres d'un seul tenant, se débite, se coupe, s'imprime et se compte sans le concours de l'homme. La bobine, qui peut fournir environ 8,000 exemplaires, est posée horizontalement sur un axe peu élevé au-dessus du plancher, et le papier, saisi par une pince, va s'enrouler successivement sur deux cylindres qui portent huit clichés, chaque page du journal s'y trouvant répétée deux fois. Ces clichés se chargent d'encre en roulant sur deux rouleaux; l'un au-dessus du cylindre supérieur, l'autre au-dessous du cylindre inférieur.

En quittant ce double jeu de clichés, le journal est imprimé, double en largeur, sur un ruban de papier long de quatre mille journaux. Il s'agit de diviser ces numéros.

A cet effet, un couteau en forme de scie est

placé horizontalement sur un troisième cylindre, de diamètre égal aux deux premiers, animé de la même vitesse, et qui par conséquent rencontrera le papier dans sa course, avec le tranchoir qu'il porte, juste après qu'un numéro tout entier aura été imprimé. Il le coupe donc en travers. Mais nous avons dit que le journal est double en largeur. Un autre couteau, perpendiculaire au premier et situé sur un cylindre plus petit, divise à son tour le papier dans l'autre sens.

A leur sortie des machines, les numéros du journal, comptés automatiquement par cent exemplaires, passent dans les mains d'employés chargés d'en contrôler le nombre. La portion réservée à la vente de Paris, et aux intermédiaires pour la vente de la province et de l'étranger, est livrée contre remise de bons devant servir de base aux règlements de comptes. Le service des kiosques et des librairies est fait par 40 porteurs, qui se mettent en route dès 4 heures du matin. Ensuite, les numéros destinés aux abonnés et aux correspondants directs du *Figaro* sont montés au moyen d'un ascenseur dans la salle de pliage et d'empaquetage, pour la mise sous bande et la confection des paquets. Le pliage, le collage des bandes, l'étiquetage et le classement des routes, sont faits par soixante plieuses, qui passent ensuite tous ces numéros aux employés chargés du battage et du ficelage des paquets. Tout le papier destiné aux abonnés et aux correspondants des départements et de l'étranger est mis en sacs et chargé sur des fourgons qui le transportent à la poste et aux gares de chemins de fer. Quant au service des abonnés de Paris, il est fait par soixante porteurs ayant chacun une portion de quartier à desservir. Les journaux leur sont remis à partir de quatre heures du matin, en commençant par les quartiers les plus éloignés et en finissant par ceux du centre. Chaque porteur n'a en moyenne que 200 exemplaires à distribuer, de façon que les abonnés soient servis avant même leur réveil.

Plus de 300 personnes concourent à cet ensemble d'opérations.

Par cette somme d'efforts que demande la mise sur pied d'un journal comme le *Figaro*, dont le tirage est, en moyenne de 75,000 exemplaires, qu'on juge de la prodigieuse activité qu'exige le fonctionnement du *Petit Journal*, qui tire aujourd'hui à près de 650,000 numéros, dont la moitié doivent être distribués dans Paris dès la première heure du jour.

On peut, d'après ces données, que je me suis efforcé de rendre aussi intelligibles que possible, se faire une idée de ce que demande de travail et d'argent la fabrication des géants de la presse anglaise et américaine. Je me bornerai à ce seul fait, que le *Times* emploie, ou du moins employait il y a quelques années, 125 à 150 compositeurs, qui, pour être admis, devaient passer un examen et prouver qu'ils étaient capables de composer par heure au moins 40 lignes de 56 lettres, soit de lever 2,240 lettres. Les correcteurs étaient au nombre de vingt-quatre, douze de jour et douze de nuit, et toujours occupés. Ce personnel, déjà si nombreux, n'a pu que s'accroître depuis lors, mais sans arriver à répondre aux besoins de ce gargantua. La nécessité de publier dès les premières heures du jour les débats de la Chambre des communes, dont, comme on le sait, les séances se prolongent fort avant dans la nuit, lui imposaient des efforts extraordinaires. Donner vers

une heure du matin, pour la première édition,
l'analyse complète d'un discours, quelque important qu'il fût, présentait une très sérieuse difficulté, mais après deux heures la publication *in
extenso* des débats devenait absolument impossible. Que faire? Le nombre des compositeurs ne
peut être augmenté à l'infini. Le lecteur aura pu
remarquer, en effet, dans ce que nous venons de
dire de la fabrication d'un journal, que, tandis
que le mode de tirage avait fait des progrès qui
ne laissaient plus rien à désirer, le mode de composition était resté à peu près stationnaire. Il fallait donc demander à la science quelqu'un de ces
miracles dont elle est coutumière.

On n'était pas sans s'en être préoccupé, sans
avoir songé à faire exécuter par des machines la
plupart des opérations, toujours longues et coû-
teuses, confiées aujourd'hui aux compositeurs.
Un premier essai avait été fait, il y a une cin-
quantaine d'années, par un imprimeur de Lyon,
mais sans succès. Quelques années après, en 1844,
on vit figurer à l'exposition un *pianotype*, qui
fonctionna pendant quelques mois dans une imprimerie spéciale; mais, comme cette machine ne
réalisait aucun bénéfice, ni bénéfice d'argent, ni
bénéfice de temps, elle fut abandonnée. D'autres
tentatives encore étant demeurées sans résultat, le
problème pouvait paraître insoluble.

Voici cependant que le *Times*, à force de persé-
vérance, semble toucher au but. Une machine à
composer introduite dans ses ateliers vers 1870,
et successivement perfectionnée, en est arrivée à
donner des résultats fort appréciables, et qui en
promettent de plus grands encore. Tandis, en
effet, que l'ouvrier le plus habile, posant les lettres
à la main, ne peut généralement pas dépasser

40 lignes par heure, ou au plus 50 pendant de courtes périodes de presse extrême, la machine du *Times*, qui met elle-même les caractères en position, au moyen de touches que l'on frappe comme les touches d'un piano, permet à un ouvrier suffisamment exercé de composer en moyenne 100 lignes par heure, même quand il compose sur un manuscrit qu'il doit lire lui-même. Cette rapidité peut être doublée, ou à peu près, s'il est assisté par un lecteur et qu'il compose à la dictée. Or, depuis quelque temps, on a pris l'habitude de lui dicter les nouvelles étrangères de Paris, Vienne et Berlin, à mesure qu'elles arrivent. Par cette combinaison on a obtenu de remarquables facilités pour publier des articles qui viennent tardivement, et on a pu donner à la composition presque jusqu'au moment où l'on met sous presse.

Mais on ne s'en est pas tenu là.

La copie venant de la Chambre des communes était nécessairement retardée pendant que le reporter transcrivait ses notes et les transmettait au journal. Un temps précieux était par conséquent perdu. Pour y remédier, on a eu recours au téléphone comme moyen de transmission entre deux points éloignés. L'administration du *Times* a obtenu l'autorisation d'établir une nouvelle communication par des fils entre la Chambre des communes et son imprimerie au moyen d'un appareil du téléphone d'Eddison, placé à chacune des extrémités.

Cet arrangement a eu pour résultat de mettre le compositeur à la machine en communication directe avec le reporter, et de permettre d'imprimer chaque partie des débats d'une demi-heure à trois quarts d'heure plus vite que cela n'eût été possible auparavant. Les notes prises par le repor-

ter à la Chambre sont lues directement au téléphone dans une galerie voisine du lieu des séances,
soit par le reporter lui-même, soit par une autre
personne chargée de ce soin, et elles arrivent à
l'imprimerie avec la rapidité de l'éclair.

Le compositeur, de son côté, est également
muni d'un instrument qui transmet sa parole, et,
en plus, d'une cloche au moyen de laquelle, par
des signaux très simples, consistant en un, deux,
trois coups, il indique qu'il est prêt à recevoir le
message, qu'il l'a reçu, qu'il l'a compris, etc. Si
le message n'a pas été compris, un signal l'indique, et des explications sont données. Les noms
propres peuvent être transmis lettre par lettre,
s'il s'élève un doute dans la transmission.

La transmission téléphonique, dit l'article du
Times qui nous donne ces curieux détails, est encore à son début, et des perfectionnements pour-
ront sans nul doute la modifier sous beaucoup de
rapports. Ce qu'on a obtenu déjà suffit, en tout
cas, pour montrer que cette méthode est prati-
cable, et qu'elle est susceptible de développements
ultérieurs.

Il y a encore certains obstacles, provenant de la
difficulté de protéger les fils téléphoniques contre
quelques perturbations et contre les effets de certaines vibrations qui rendent confus les sons
transmis. Mais ce sont là des détails auxquels on
est en voie de remédier, et l'administration du
Times espère pouvoir avant peu appliquer ses mé-
thodes nouvelles même à la publication des discours prononcés dans une partie quelconque du
Royaume-Uni, quand l'opposition de l'administration des postes, qui a cru devoir défendre son
monopole pour la transmission du compte-rendu
des reporters, aura été levée.

ESSAI DE STATISTIQUE

Le nombre des journaux, en France, a suivi depuis quelques années, comme nous l'avons déjà dit, une progression constante, qui ne paraît pas près de se ralentir, à en juger par les affiches de toutes couleurs dont sont incessamment couverts les murs de Paris, annonçant tous les jours un nouveau journal pour le lendemain, comme si la fondation d'nn journal était la chose du monde la plus facile, comme si toutes les places n'étaient pas déjà surabondamment occupées. C'est qu'aux époques agitées comme la nôtre, il y a des convictions ardentes et des appétits plus ardents encore, que ne saurait arrêter aucune considération, pour qui rien n'est obstacle.

Il faut dire aussi que la fondation d'un journal, aujourd'hui, est singulièrement facilitée par la vente au numéro, qui, sans parler du produit immédiat qu'elle procure, met le nouveau-né sous les yeux de tous les passants, et les invite, si l'on pouvait ainsi dire, à faire sa connaissance.

Ce mode d'écoulement n'avait longtemps existé que par intermittence, et n'avait donné jusqu'à ces dernières années que des résultats insignifiants. Une loi du 9 mars 1878 lui a imprimé une grande activité, en remplaçant par une simple déclaration préalable l'autorisation jusque-là nécessaire pour le colportage et la distribution des journaux. L'effet en a été immédiat et prodigieux : dans l'année qui suivit, la préfecture de police n'eut pas à délivrer moins de 1,800 récépissés de déclarations.

Le nombre des vendeurs de journaux à Paris et dans la banlieue s'élève aujourd'hui à 3,000 environ. Il n'est presque pas de rue où il n'existe quelque boutique ou échoppe affectée à la vente des journaux. Sur les grandes voies elle a lieu dans des kiosques édifiés à cet effet. Ces petits établissements sont exploités par une compagnie concessionnaire, dont le traité avec la ville expire en 1884. Ils lui coûtent 700 fr. l'un, plus l'entretien, plus une redevance, pour chacun, de 50 fr. Mais cette dépense est très largement compensée par le produit des annonces diurnes et nocturnes, en vue desquelles ils ont été spécialement disposés, et par le loyer qu'elle en retire, loyer qui varie de 5 à 30 fr. par mois : 30 fr. de la Madeleine au boulevard Montmartre, et 5 fr. de ce boulevard à la Bastille. Quant à l'affichage sur ces kiosques, qui est fort recherché, il se paye jusqu'à 30 fr. par mois, et le cadre de chaque annonce n'est pas grand.

C'est surtout à la presse à 5 centimes qu'a profité la vente au numéro, les frais généraux de ces petites feuilles n'étant pas considérables. Mais encore combien faut-il vendre de numéros pour les couvrir ! Et quand ils le sont, il ne reste, pour les frais proportionnels, guère plus d'un centime. Ce centime, il est vrai, multiplié par des centaines de mille peut arriver à donner une somme assez ronde de bénéfices, à laquelle s'ajoute le produit des annonces, qui ne peuvent manquer quand on a atteint une vaste publicité.

Nous en avons un exemple frappant dans le *Petit Journal*, qui dépasse en circulation tous les journaux du monde, et dont les bénéfices ne sont pas moindres de deux millions et demi ; ce qui fait de ce petit carré de papier, d'apparence si insignifiante, une des plus grandes puissances politiques et financières d'aujourd'hui : les derniers actes sociaux en évaluent la propriété à 25 millions.

Mais c'est là un exemple qui n'est pas contagieux.

S'il est difficile à un petit journal à 5 centimes d'arriver à faire ses frais, que doit-ce être pour un grand journal du même prix ? Il est évident, en effet, que chaque numéro vendu coûte plus qu'il ne rapporte ; d'où il résulte que, plus il s'en vend, plus la perte est grande, jusqu'à ce qu'il se soit fait une clientèle suffisante pour obtenir une somme d'annonces qui couvre la différence ; ce qui est affaire d'habileté — ou de violence.

Malgré tout, le nombre des journaux a suivi depuis quelques années une progression constante, qui ne pourra que s'accentuer si, comme on le promet, l'abolition du cautionnement est suivie de celle de l'impôt sur le papier à journal.

De la presse dans les autres États européens, je ne vois, pour moi, que peu de choses à dire. Je n'ai point à l'apprécier au point de vue moral et politique, et sous le rapport du développement matériel elle n'offre rien qui intéresse l'histoire du journal, rien que nous lui devions envier. Je n'ai guère qu'à constater la multiplication incessante de ses organes, et à comparer entre eux les bataillons de cette armée, de jour en jour plus puissante.

Et ce n'est pas là chose très facile. Le nombre des journaux, en effet, est sujet à de continuelles oscillations. Aussi les statisticiens sont-ils loin d'être d'accord, pas même les nationaux sur les forces de la presse de leur propre pays. On ne devra donc considérer que comme approximatif le tableau suivant ; il l'est assez, néanmoins, pour donner une idée du développement qu'a pris le journalisme depuis quelques années.

Un savant géographe, Balbi, estimait, en 1826,

le nombre des journaux qui se publiaient alors dans le monde entier à 3,168, dont 2, 142 en Europe, et 978 en Amérique. Dans un travail publié en 1867 j'ai cru, moi-même, pouvoir porter ce nombre à 12,500. Il atteint aujourd'hui 25,000, ainsi répartis : Europe, 14,000 ; Amérique, 10,000 ; Asie, Australie, etc., 1,000.

Les États européens qui comptent le plus de journaux sont : l'Allemagne, 3,000 ; la France, 2,500 ; l'Angleterre, 2,000 ; l'Autriche, 1,500 ; l'Italie, 1,500 ; la Russie, 600 ; la Suisse, 500.

Absolument, de toutes les nations du monde ce sont les Etats-Unis qui ont le plus de journaux, 9,000 pour une population de 40 millions. L'Allemagne, qui vient après, n'en a, comme nous venons de le voir, que 3,000, avec une population plus forte de 3 millions.

Relativement, c'est-à-dire comparativement à la population, et c'est là surtout qu'est l'intérêt, ce sont encore les Etats-Unis qui tiennent le premier rang ; mais, ce qui pourra surprendre tout d'abord, il leur est disputé par la Suisse, qui n'a pourtant que 500 journaux, mais pour une population qui n'excède pas 2,700,000 : ici et là, c'est 1 journal pour 5,000 habitants. Les autres nations ne suivent que de très loin. Approximativement et en chiffres ronds, le rapport des journaux à la population est : pour l'Allemagne et pour la France, de 1 à 14,000 ; pour l'Angleterre, de 1 à 16,000 ; pour l'Autriche et l'Italie, de 1 à 24,000.

En France, ce rapport était en 1826, d'après Balbi, de 1 à 64,000. On voit quel immense progrès a fait notre presse depuis un demi-siècle.

Il serait curieux de savoir quelle peut être la circulation de ces 25,000 publications périodiques qui, d'un bout du monde à l'autre, se proposent de renseigner, d'instruire ou d'amuser les hommes, ou tout simplement spéculent sur la curiosité des fils, et surtout des filles d'Ève ; mais tous les calculs auxquels on pourrait se livrer à cet égard ne sauraient aboutir qu'à des hypothèses. Je me bornerai donc, sans autres ambages, à en présenter une, dont le lecteur sera toujours libre de ne prendre que ce qu'il voudra.

En Amérique, où la statistique du journalisme est régulièrement tenue au courant, on estime la circulation des 10,000 journaux qui s'y publient à 21 millions, soit, en compte rond, une moyenne journalière de 2,000 numéros par journal. Si l'on admet la même moyenne pour les 15,000 journaux européens et autres, on aurait, pour leur circulation, 30 millions. Mais ce chiffre est vraisemblablement au-dessous de la vérité. Il supposerait, en effet, 9 lecteurs pour 1 numéro, tandis qu'en Amérique il n'y en a que 2. Or, quelque différent que soit le niveau de l'instruction ici et là, l'écart semblerait trop grand. Je crois donc qu'on peut sans exagération porter à 60 millions la circulation journalière de la presse périodique.

Ce n'est là, je le répète, qu'une hypothèse, mais qui me paraît très acceptable, — et très suffisante.

Dans ces myriades de feuilles, il y a évidemment beaucoup de fatras ; mais aussi quel remuement d'idées — et d'argent ! Que d'esprit jeté au vent ! Quelles semailles, enfin, et quelle moisson, malgré l'ivraie, n'en peut-on pas attendre pour l'avenir !

Paris. — Typ. G. Chamerot, 19, rue des Saints-Pères. — 10828.

HISTOIRE ILLUSTRÉE

DU

SECOND EMPIRE

PAR TAXILE DELORD

Paraissant depuis le 10 janvier 1880

Par livraisons à 10 cent., 2 fois par semaine

Ou par séries de 5 livraisons à 50 cent., tous les 20 jours

Les deux premiers volumes sont publiés. Prix de chaque volume, broché : 8 fr.

ABONNEMENTS

Pour recevoir les livraisons *franco* par la poste 2 fois par semaine, ou les séries tous les 20 jours :

6 mois. • • • • • • • • • 8 fr.

1 an. • • • • • • • • • • 16 fr.

HISTOIRE POPULAIRE

DE LA FRANCE

AVEC ILLUSTRATIONS DUES AUX MEILLEURS DESSINATEURS

Paraissant depuis le 16 février 1880

Par livraisons à 10 centimes

Ou par séries de 5 livraisons à 50 centimes

Les deux premiers volumes sont publiés. Prix de chaque vol. 5 fr.

MÊMES CONDITIONS DE SOUSCRIPTION

QUE POUR

L'Histoire du second Empire.

BIBLIOTHÈQUE SCIENTIFIQUE INTERNATIONALE

Volumes in-8, cartonnés à l'anglaise. — 6 fr. Les mêmes, en demi-reliure, veau. — 10 francs.

J. TYNDALL. Les glaciers et les transformations de l'eau, avec figures. 1 vol. in-8. 3e édition............... 6 »

MAREY. La machine animale, locomotion terrestre et aérienne, avec de nombreuses figures. 1 vol. in-8. 2e édition. 6 »

BAGEHOT. Lois scientifiques du développement des nations dans leurs rapports avec les principes de la sélection naturelle et de l'hérédité. 1 vol. in-8. 4e édition......... 6 »

BAIN. L'esprit et le corps. 1 vol. in-8. 3e édit....... 6 »

PETTIGREW. La locomotion chez les animaux, marche, vol, natation. 1 vol. in-8 avec figures............... 6 »

HERBERT SPENCER. La science sociale. 1 vol. in-8. 5e édition.. 6 »

VAN BENEDEN. Les commensaux et les parasites dans le règne animal. 1 vol. in-8, avec fig. 2e édition....... 6 »

O. SCHMIDT. La descendance de l'homme et le darwinisme. 1 vol. in-8, avec figures. 3e édition......... 6 »

MAUDSLEY. Le crime et la folie. 1 vol. in-8. 4e édition .... 6 »

BALFOUR STEWART. La conservation de l'énergie, suivie d'une étude sur la nature de la force, par *M. P. de Saint-Robert*, avec figures. 1 vol. in-8. 3e édition........ 6 »

DRAPER. Les conflits de la science et de la religion. 1 vol. in-8. 6e édition.................................. 6 »

SCHUTZENBERGER. Les fermentations. 1 vol. in-8, avec fig. 3e édition.................................. 6 »

L. DUMONT. Théorie scientifique de la sensibilité. 1 vol. in-8, avec fig. 2e édition..................... 6 »

WHITNEY. La vie du langage. 1 vol. in-8. 3e édition. 6 »

COOKE et BERKELEY. Les champignons. 1 vol. in-8, avec figures. 2e édition................................ 6 »

BERNSTEIN. Les sens. 1 vol. in-8, avec 91 figures. 2e édition... 6 »

BERTHELOT. La synthèse chimique. 1 vol. in-8, 3e édition... 6 »

OGEL. La photographie et la chimie de la lumière, avec 95 figures. 1 vol. in-8. 2e édition............... 6 »

www.ingramcontent.com/pod-product-compliance
Lightning Source LLC
Chambersburg PA
CBHW070354090426
42733CB00009B/1420